AF453485

CATALOGUE
RAISONNÉ
DES TABLEAUX,
DE DIFFERENTES ECOLES,

Des Figures & Bustes de Marbre ; des Figures, Groupes & Bas reliefs de Terre cuite ; des Morceaux en ivoire ; des Desseins & Estampes ; des Meubles précieux, par *Boule* & *Philippe Caffieri* ; des Coquilles Univalves & Bivalves, choisies ; & d'autres objets qui composent le Cabinet de M. DE LA LIVE DE JULLY, ancien Introducteur des Ambassadeurs, Honoraire de l'Académie Royale de Peinture.

Par PIERRE REMY.

Cette Vente se fera le Lundi 5 Mars 1770, & jours suivans, trois heures & demie précise de relevée, rue de Menard au coin de la rue de Richelieu.

A PARIS,

Chez VENTE, Libraire, au bas de la Montagne Sainte Genevieve.

___

M. DCC. LXIX.

TABLE

Des objets annoncés dans ce Catalogue.

TABLEAUX

Fin de la Table.

CATALOGUE

DES Tableaux, Figures & Bustes de marbre , Figures & Groupes de terre cuite, Desseins, Estampes, Meubles précieux , Coquilles choisies , & autres objets qui composent le Cabinet de M. DE LA LIVE DE JULLY.

TABLEAUX.

ECOLE D'ITALIE.

Guido Reni , dit *le Guide.*

1 UNE Sainte Famille ; la Sainte Vierge assise , vêtue d'une robe de

A

couleur pourpre & d'un manteau bleu, tient sur ses mains l'Enfant Jesus qui lui tend les bras en la regardant; Saint Joseph s'appuie sur un arbre & est à leur droite, on le voit de profil : on remarque au côté opposé un paquet & une gourde.

Simon Cantarini , dit *le Pezarese.*

2 La Vierge assise au pied d'un arbre à droite dans le coin du tableau : elle est vue plus que de profil, & sa tête de trois quarts, l'Enfant Jesus dort entre ses bras. Saint Joseph dort aussi, sa tête appuyée sur sa main gauche, ses jambes sont nues, & il est assis sur une élévation de terre qui est à gauche un peu dans l'éloignement.

Les tableaux des numeros précédens sont du plus précieux dessein, du beau coloris & du meilleur *faire* des deux grands Maîtres de qui nous les annonçons : l'unanimité des suffrages des Connoisseurs les plus éclairés, soit Amateurs, soit Artistes, donne une certitude de leur supériorité, ils font connus depuis très longtems dans différens Cabinets, & précédemment dans celui de M. Pafquier, Députe du Commerce de Rouen, dont nous avons donné une notice de la vente faite après fon décès en 1755. On trouve ces morceaux gravés par le *Pezarefe*. Ils font peints le premier fur bois & le fecond fur toile, chacun porte 15 pouces de haut, fur 21 de large.

Le Chevalier Servandoni.

3 Les Ruines d'un ancien Palais, & d'autres édifices.

Servandoni a fait ce tableau pour un Peintre de fes amis particuliers, aufli ne peut-on difconvenir qu'il en eft très peu qui puiffent l'égaler en beauté. *François Le Moine*, ami aufli de ce Peintre, l'a enrichi de fept figures, ce qui rend ce morceau important:

A ij

il est peint sur toile de 2 pieds 2 pouces 6 lignes, sur 2 pieds 10 pouces 6 lignes de large.

4 Un autre bon tableau de *Servandoni*, fait pour le propriétaire de ce Cabinet : il représente des Ruines ; *M. Boucher*, premier Peintre du Roi y a placé trois Soldats Romains. Salvator Rosa, s'il vivoit, seroit flatté qu'on les donnât pour être de lui. Ce morceau peint sur toile porte 2 pieds 10 pouces 6 lignes de haut, sur 2 pieds 3 pouces 6 lig. de large.

ECOLE DES PAYS-BAS.

Paul Bril.

5 SAINT Antoine tenté par des Démons représentés sous la forme de différens animaux de fantaisie, dont un a la figure humaine : sur un plan élevé & éloigné dans le paysage, ou remarque l'hermitage de ce Saint & un de ses compagnons. Un second tableau qui fait le pendant du précédent, est aussi un beau paysage,

beaucoup de ruines, un bras de riviere dans le coin à gauche ; sur le
devant un Bohémien & deux Bohé-
miennes avec leurs enfans proche
d'un feu à terre : on remarque à
droite sur divers plans plusieurs figures, dont un Berger assis à côté
d'une ruine, une femme qui trait
une chevre, plusieurs autres chevres & des moutons.

Les compositions riches, les
sites agréables & la touche sa-
vante donnent un grand mérite
à ces deux morceaux que l'on
peut garantir du meilleur tems
de *Paul Bril* : ils sont peints sur
cuivre & portent chacun 7 pouces de haut, sur 8 de large.

Pierre-Paul Rubens.

6 L'une des femmes de Rubens, af-
fise sur une chaise, son habillement
est blanc, on la voit de trois quarts
le dos tourné à la droite du tableau,
sa tête couverte d'un chapeau gris
à petit bord rabatu, orné d'une
plume qui lui tombe sur l'épaule

gauche : elle tient entre fes jambes un enfant debout , dont l'habillement eft gris de lin , fon bonet eft noir orné de rubans & plumet ; un autre enfant placé à la gauche auffi debout vu de face, la tête plus que de trois quarts, tient de la main droite fon tablier : une tige de colonne & un peu de ciel fert de fond à ce tableau qui eft peint fur bois ; hauteur 3 pieds 6 pouces , largeur 2 pieds 7 pouces.

Ce tableau dont le mérite eft éminent a eu & aura dans tous les tems l'approbation des plus célebres Amateurs & Connoiffeurs de l'art , il eft fait avec tout l'efprit imaginable , les figures font agréables , intéreffantes & fveltes : ce qui n'eft pas toujours ordinaire à *Rubens* ; les fonds font un peu indécis , mais l'avantage qu'on y trouve , & qui n'eft pas d'une légere conféquence , eft qu'une main étrangere n'y a aucune part.

Antoine *Van-Dyck*.

7 Un tableau repréfentant le portrait de Snyders, célebre Peintre en animaux, ami de Rubens & de Van-Dyck : on y voit auffi celui de fa femme & de fon fils.

Ce morceau eft regardé par des Savans comme le plus beau des tableaux de portraits que *Van-Dyck* ait faits ; la touche facile & fublime, le coloris vigoureux, l'effet féduifant & l'expreffion de chacune de ces trois figures femblent ne rien laiffer à défirer : c'eft un chef-d'œuvre de l'art, ou du moins c'eft le jugement que nous en portons, & nous ofons nous flatter que toutes perfonnes qui l'examineront avec attention, penferont de même : il a été acheté à Anvers en 1762 ; il eft peint fur toile, hauteur 3 pieds 7 pouces, largeur 2 pieds 11 pouces.

Jean Miel.

8 Un tableau très agréable & des plus fins de ce Maître , peint fur toile de 13 pouces de haut , fur 11 pouces 6 lignes de large. Il eſt compofé de fept figures , dont les principales ont 4 à 5 pouces : on y remarque une maifon de payfan proche de laquelle un homme & une femme danfent au fon d'une guitare jouée par un homme aſſis ; un autre homme monté fur un âne , & une femme qui file à la porte de fa chambre les regardent.

Philippe Van-Champagne.

9 Moïfe tenant les Tables de la Loi , il eſt repréfenté de face , à mi-corps & de grandeur naturelle.

Ce tableau eſt du plus fublime mérite , on peut le mettre en parallele avec les tableaux des plus grands Maîtres d'Italie ; c'eſt un fentiment général que nous adoptons fans héfiter : il eſt peint

sur une toile qui porte 2 pieds 9
pouces de haut, sur 2 pieds 2
pouces de large. *Edelinck & Nan-
teuil* l'ont très bien gravé.

Rembrandt Van Ryn.

10 Un portrait de femme jusqu'aux
genoux, de grandeur naturelle, elle
a une tocque blanche sur la tête qui
est vue plus que de profil, & une
fraise applatie au col, sa main gauche est posée sur une table couverte
d'un tapis rouge, & la droite le-
vée.

Ce tableau est d'un coloris
agréable & transparent, la touche est fine, son style differe de
ceux que l'on voit ordinairement
de *Rembrandt*, en ce que le bon
effet qui y regne n'est pas occa-
sionné par l'opposition du noir au
clair : cet avantage lui donne un
mérite particulier ; il est peint sur
toile qui porte 3 pieds 4 pouces
de haut, sur 2 pieds 11 pouces,
de large.

David Teniers.

11 Un tableau peint sur toile de 2
pieds 5 pouces de haut, sur 3 pieds
8 pouces 6 lignes de large.

Ce morceau qui vient du Cabinet de Madame la Comteſſe de
Verrue, où il étoit très conſidé-
ré, repréſente un Fête Flaman-
de : on y boit, mange & danſe :
Teniers & ſa famille y arrivent :
on compte ſoixante-ſept figures
de 6 à ſept pouces de proportion ;
cette compoſition eſt intéreſſan-
te, le coloris très agréable &
frais, & la touche belle.

12 Un Chymiſte dans ſon laboratoire,
& un Etudiant à côté de lui, deux
autres ſont proche d'une table au
fond de la chambre.

Ce tableau d'un rare mérite,
tant par la touche, que par le
coloris & le bon effet, a été gravé par Philippe le Bas : il eſt peint
ſur bois & porte 16 pouces de

haut, fur 20 pouces 6 lignes de large.

Adrien Van-Oftade.

13 Deux tableaux repréfentans des chambres ; dans l'une proche de la fenêtre on voit une femme affife qui tient un enfant fur elle, & lui donne à manger ; un homme debout, un affis & un petit garçon proche de la cheminée : dans l'autre eft un Chymifte foufflant le feu, & une femme qui nétoye fon enfant.

Le premier de ces morceaux eft peint en 1663, & le fecond en 1661. Ces années font autant de certificats du bon tems d'*Oftade*, ils font l'un & l'autre fin de touche & d'un beau clair-obfcur.

Gerard Dow.

14 Un jeune homme d'une belle Figure qui tient une flutte à bec : il porte fes cheveux, la tête découverte, une fraife au col ; on le voit plus qu'à mi-corps proche d'un appui

de croiſée ſur lequel eſt un livre ouvert.

Ce tableau peint ſur bois, hauteur 7 pouces, largeur 5 pouces 6
lignes, eſt un des bons de *Gerard
Dow*, la touche précieuſe, le
beau fini, la fraicheur des teintes, & une parfaite conſervation
le diſtinguent.

Philippe Wouwermans.

15 *Le retour du marché :* c'eſt le titre
que *Robert Strange*, Graveur An-
glois, a donné à l'eſtampe qu'il a
gravée d'après ce tableau que nous
annonçons ; il repréſente un homme habillé de rouge, il porte ſur ſa
tête un bonnet bleu à la houzarde ;
il eſt aſſis ſur un cheval blanc attelé
à une charette ſur laquelle eſt une
femme & des bagages, un panier
& de la paille ; une femme qui donne à téter à ſon enfant eſt aſſiſe à terre, elle a ſon paquet & un panier
proche d'elle à côté de pluſieurs branches d'arbre.

Ce tableau agréable, piquant
d'effet

d'effet, & du bon ton de *Wouwer-mans*, est peint sur bois : il porte 12 pouces de haut, sur 9 pouces de large.

16 Deux autres tableaux du même *Wouwermans*, riches de composition, agréables, vaporeux, d'un bon effet & de son meilleur tems, ils font peints sur bois, chacun porte 13 pouces 6 lignes de haut, sur 18 pouces de large. On peut avoir recours pour la composition aux estampes qui en ont été gravées par Beaumont : l'une a pour titre le *Défilé de Cavalerie* ; l'autre, *Les Nageurs*. Ils viennent du Cabinet de M. Barez, dans lequel ils étoient pour lors.

Nicolas Berghem.

17 Une femme assise sur un cheval, un homme sur un mulet, une autre femme avec son enfant, elle a un paquet sous son bras : ces gens semblent se parler. Un peu à côté de ce groupe est un homme qui tient un agneau sous son bras, différens

animaux font proche de lui ; fur des plans plus éloignés on remarque encore des figures & des animaux, le tout dans un beau payfage enrichi de quantité d'arbres & de plufieurs fabriques ; le point de vue à droite eft terminé par des montagnes & des coteaux.

Ce tableau eft capital à tous égards : c'eft un des beaux que l'on puiffe citer de *Berghem* : cet Artifte n'y a laiffé aucun vuide & l'a rendu d'une intelligence admirable : l'effet eft à faire illufion, la touche favante & le coloris que l'on aime dans la nature. Il eft peint fur une toile qui porte 4 pieds 2 pouces de haut, fur 6 pieds 3 pouces de large.

18 Un fin & agréable tableau, dont la compofition eft très intéreffante, par le même *Berghem*. Nous croyons pouvoir nous difpenfer d'en donner la defcription par la facilité qu'il y a d'avoir recours à une belle eftampe gravée d'après ce morceau par

Aliamet, sous le titre des *Voyageurs ambulants*. Il est peint sur bois, hauteur 11 pouces 6 lignes, largeur 16 pouces.

Adrien Vanden Velde.

19 Une femme endormie assise devant un arbre, & deux hommes, dont l'un est un vieillard proche d'une cabanne entourée d'arbres ; ces trois figures forment un groupe. Trois vaches, des chevres & beaucoup de moutons sur différens plans , donnent une grande richesse à ce tableau qui est peint sur bois , il porte 14 pouces de haut, sur 20 pouces de large.

La couleur argentine , transparente , & une touche précieuse, distinguent singulierement ce tableau , & lui donnent un des premiers rangs dans les ouvrages de ce Maître.

Jean Van-Huysum.

20 Deux paysages enrichis de fabri-

ques , chute d'eau , rivieres , montagnes , figures & animaux , peints fur toile , de chacun 18 pouces de haut , fur 20 pouces 6 lignes de large.

Ces deux tableaux font richement compofés , d'un agréable afpect & du bon ftyle de ce Maître : on n'en connoit pas qui mérite plus d'eftime.

21 Deux autres tableaux de *Van-Huyfum*, le premier repréfente des fleurs dans un vafe , & trois œufs d'oifeaux dans un nid , pofés fur une table ; l'autre eft compofé de différents fruits & de fleurs , auffi fur une table. Ces deux morceaux font peints fur cuivre , ils portent chacun 16 pouces de haut, fur 13 de large.

Jacob de Wit.

22 Des enfans avec des attributs de chaffe. Ce tableau , peint en 1740 , à l'imitation d'un bas relief de marbre blanc , eft fur une toile qui porte 11 pouces 6 lignes de haut , fur 2

pieds 7 pouces 6 lignes de large.

Dietricy.

23 Une Fuite en Egypte. La Vierge
tenant l'Enfant Jesus, est montée sur
un âne que Saint Joseph mene par
l'oreille; un Ange qui est entr'eux
sur des nuées, les éclaire avec une
torche.

Ce tableau est bien dessiné &
d'un très beau fini ; Godefroy
Scalcken n'auroit pas mieux rendu le bon effet lumineux qui y
regne agréablement. Il est peint
sur bois , hauteur 14 pouces 6
lignes, largeur 11 pouces 6 lig.

Lauterbuger.

24 Une Bataille peinte sur toile de
12 pouces de haut, sur 14 de large :
ce tableau est d'un coloris chaud qui
convient beaucoup au sujet qu'il représente.

ECOLE FRANÇOISE.

Simon Vouet.

25 Un tableau peint sur toile de 2 pieds 10 pouces de haut , sur 2 pieds 3 pouces de large , il repréſente la Sainte Vierge à genoux prenant un fruit dans une corbeille, pendant que l'Enfant Jeſus reçoit une fleur que lui donne un Ange.

Ce morceau eſt du plus précieux de ce Maître.

26 Un autre bon tableau de *Vouet* , repréſentant Judith qui tient la tête d'Holopherne : elle eſt vue juſqu'aux genoux. Ce tableau peint ſur toile porte 3 pieds 10 pouces de haut , ſur 3 pieds 4 pouces de large.

Jacques Callot.

27 Deux tableaux en pendans peints ſur toile , chacun porte 8 pouces de haut , ſur 16 pouces 6 lignes de large , ils repréſentent des villages pro-

che une riviere gelée , fur laquelle
font des gens qui gliffent avec des
patins : on remarque fur le devant ,
des hommes , des chevaux , & des
équipages.

L'efprit & l'art que nous trou-
vons dans ces morceaux , nous
portent à croire qu'ils font effectivement de la main de *Callot*.

Nicolas Pouffin.

28 Une Bacchanale compofée de deux
femmes affifes , un fatyre affis fur fes
jambes , buvant avec une corne ;
deux enfans , dont un couché & en-
dormi ; un peu plus loin fur la gauche un troifieme enfant ; dans un
chemin enfoncé un fatyre porte un
panier de raifin.

Ce tableau eft d'une grande
correction de deffein & du bon
tems du *Pouffin* : on en trouve
l'eftampe gravée à l'eau forte fans
nom. Il eft peint fur toile de 4
pieds 1 pouce de haut , fur 5 pieds
1 pouce de large.

Claude Gelée, dit *le Lorrain.*

29 Un payſage peint ſur toile de 3
pieds 2 pouces de haut, ſur 4 pieds
de large.

Ce morceau agréable, riche de
compoſition & des plus parfaits
que l'on puiſſe annoncer du *Clau-
de*, repréſente un tems frais ; quatre figures de 5 pouces 6 lignes de
proportion, forment un groupe :
le ſujet paroit être le départ de
Diane pour la chaſſe ; à gauche
ſur un plan un peu plus éloigné,
on voit des vaches qui ſortent
d'une riviere, un Pâtre aſſis ſur
un arbre renverſé à terre, & des
fabriques ſur différentes éléva-
tions.

Jacques Stella & Loir.

30 Deux tableaux en pendans, ragoutans de couleurs & d'une belle touche ; le premier qui eſt de *Stella*,
repréſente Sainte Anne qui embraſſe
la Vierge, & l'Enfant Jeſus qui

baife Saint Jean : fur le fecond font
peints l'Enfant Jefus debout caref-
fant la Vierge, & Saint Jofeph dans
le coin à gauche. Ils font fur cuivre
& portent chacun 8 pouces de diametre.

Jacques Blanchard.

31 La Vierge affife, vue jufqu'aux genoux, tenant l'Enfant Jefus entre fes
bras, de grandeur naturelle ; un ri-
deau vert bordé d'un galon d'or oc-
cupe une partie du fond du haut de
ce tableau ; il eft du meilleur ftyle
de ce Maître, & il eft peint fur une
toile qui porte 3 pieds 8 pouces de
haut, fur 2 pieds 10 pouces de large.

Laurent de la Hyre.

32 Rebecca recevant les bijoux que
lui préfente le ferviteur d'Abraham :
on remarque douze figures, dont les
principales ont 2 pieds 4 pouces de
proportion, deffinées & drappées
dans le goût de l'antique, que cet
Auteur a fouvent eu pour guide, &
beaucoup de moutons fur trois plans
différens ; les effets variés & bien

entendus, & la touche franche, rendent ce tableau d'un mérite beaucoup au deſſus d'autres de chevalet
de ce Maître. Il eſt peint ſur une
toile qui porte 3 pieds 11 pouces de
haut, ſur 5 pieds 4 pouces de large.

33 La Converſion de Saint Paul , ce
bon tableau eſt le petit du grand qui
eſt dans l'Egliſe de Notre-Dame à
Paris. Il eſt peint ſur toile , hauteur
2 pieds 1 pouce , largeur 1 pied 8
pouces. L'Auteur l'a gravé lui-même à l'eau forte.

34 Un payſage & des ruines d'où ſort
une fontaine qui forme une belle
chute d'eau ; à gauche preſque ſur
le devant, deux Pâtres , dont un
joue du flageolet, ſont au pied d'un
arbre , un chien à côté d'eux , des
moutons qui paiſſent , un bœuf &
un bélier.

Ce tableau auſſi eſtimable que
les précédents , a l'effet naturel
d'une belle fraicheur d'été. Il eſt
peint ſur toile qui porte 1 pied
10 pouces de haut , ſur 2 pieds 6
pouces de large.

Pierre Mignard.

35 La mort d'Abradate, Roi de Per-
fe, & de fa femme Panthée.

Ce morceau richement com-
pofé & bien deffiné, a le coloris
italien : on croit que *Mignard* l'a
peint à Rome ; il eft fur toile ,
hauteur 3 pieds 9 pouces 6 lignes,
largeur 5 pieds 7 pouces.

Charles Alphonfe Dufrefnoy.

36 Artemife , Reine de Carie qui ,
faifant recueillir les cendres de Mau-
fole fon époux , eft frappée de voir
des flammes fortir de l'urne qui ren-
fermoit fes cendres.

Les tableaux de ce Maître ne
font pas communs , celui-ci a
beaucoup de mérite. Il eft peint
fur toile de 2 pieds 11 pouces de
haut , fur 4 pieds 2 pouces de
large.

Sébastien Bourdon.

37 L'Adoration des Bergers, & l'Adoration des Mages.

Nous ne croyons pas qu'on puisse trouver deux tableaux aussi précieux de ce Maître ; ces compositions sont belles comme de Paul Veronese , les teintes d'un brillant séduisant , la touche facile & des plus spirituelles : ils sont peints sur cuivre : hauteur de chacun , 17 pouces 6 lignes , largeur 13 pouces.

Eustache Le Sueur.

38 Le Martyre de S. Laurent.

Ce tableau qui vient du Cabinet de M. de Pontchartrain , & dont la supériorité est reconnue, a fait & fera dans tous les tems l'admiration & la surprise même des personnes de l'art : on y admire la grandeur de la composition, un dessein coulant qui imite
la

la belle nature , la fraicheur du coloris & une touche pure : c'eſt un diamant précieux en fait de tableaux. Il eſt peint ſur une toile qui porte 5 pieds 3 pouces de haut, ſur 3 pieds de large. Gérard Audran l'a très bien gravé.

Charles Le Brun.

39 Le Sacrifice de Jephté. C'eſt le moment où Jephté va donner le coup de la mort à ſa fille.

652

C'eſt encore un de ces morceaux diſtingués que peu égalent : il eſt peint ſur une toile ronde de 4 pieds de diametre , ſa bordure eſt quarrée en dehors.

Pierre Patel le pere , & F. Boucher.

48 Un beau Payſage avec de l'architecture de l'ordre corinthien ; M. Boucher , premier Peintre du Roi , y a placé une femme qui file & un homme aſſis : ces deux Maîtres y ont peint pluſieurs animaux ; c'eſt un double

500, 1

C

avantage pour ce Tableau ; il eſt peint ſur toile , d'un pied 10 pouces de haut , ſur 2 pieds 5 pouces 6 lignes de large.

Noël Coypel.

41 Une Vierge vue juſqu'au genoux, recevant les careſſes de l'Enfant Jeſus ; ce Tableau , qui tient de la maniere des grands Maîtres , eſt ſur toile en ovale de 17 pouces 6 lignes de haut ſur 14 pouces de large.

Claude Le Fevre.

42 Un Vieillard & un jeune Garçon de grandeur naturelle juſqu'à mi jambes.

On a été indécis quelque tems ſur le nom de l'auteur de ce tableau , les uns le donnoient à un bon Maître de l'Ecole de Van-Dyck , les autres le croyoient italien : mais on eſt tombé d'accord par des comparaiſons , moyen certain auquel on devroit toujours avoir recours, qu'il eſt de *Le Fevre* , éleve de *Charles Le*

Brun, dont nous connoiſſons pluſieurs tableaux eſtimables, comme l'eſt celui-ci. Il eſt peint ſur une toile qui porte 4 pieds 6 pouces 6 lignes de haut, ſur 3 pieds 6 pouces de large.

Ant. François Vander Meulen.

43 Un Tableau très riche de compoſition, qui repréſente un combat de
cavalerie; il a été peint en Flandres: 300
ce tems a toujours été regardé com-
me le meilleur de ce Maître, lorſ-
qu'il eſt queſtion de petits Tableaux:
il eſt peint ſur bois, hauteur 8 pouces 6 lignes, largeur 11 pouces.

Baptiſte Monnoyer.

44 Deux Tableaux, des plus parfaits
de ce Maître, ils repréſentent des
vaſes de fleurs choiſies & groupées   150
avec avantage, ils ſont peints ſur
toile, & chacun porte 17 pouces 6 lignes de haut, ſur 14 pouces de large.

Charles de la Foſſe.

45 La Réſurrection de la mere de S.   231, 19

Pierre : petit tableau du grand qui eſt peint aux Chartreux , & qui tient le premier rang dans les ouvrages de *la Foſſe*. Il eſt peint ſur toile de 2 pieds 3 pouces de haut , ſur un pied 10 pouces de largeur. *Moyreau* l'a gravé.

46 L'Apothéoſe de S. Louis , très belle eſquiſe terminée de ce que *la Foſſe* a peint dans la voûte du Dome des Invalides , elle eſt ſur toile , de forme ronde , qui porte 5 pieds de diamêtre.

Jean Jouvenet.

47 L'Adoration des Mages , Tableau capital , richement compoſé , & d'une excellente couleur ; il eſt peint ſur toile de 3 pieds un pouce de haut , ſur 2 pieds 6 pouces de large. *Loir* l'a gravé.

De Troy , le pere.

48 Le Portrait de Mouton , fameux Joueur de luth ; il eſt aſſis & vu à mi jambes.

Ce tableau eſt ſans aucun doute le chef-d'œuvre de cet Artiſte :

on en connoît l'estampe gravée par *Edelinck*, qui est aussi très estimée. Il est peint sur une toile qui porte 4 pieds 2 pouces de haut, sur 3 pieds 2 pouces de large.

Joseph Parrocel.

49 Une Bataille. Basan l'a gravée sous le titre de la Défaite des Ligueurs par Henri IV.   425

En considérant ce morceau, on ne peut trop en admirer les beaux détails : tout y est en action, & le coloris porté au plus grand dégré de vigueur. Il est peint sur toile de 2 pieds 1 pouce de haut, sur 3 pieds 4 pouces 6 lignes de large.

Jean-Baptiste Santere.

30 Un Tableau peint sur toile de 2 pieds 4 pouces de haut, sur un pied 11 pouces de large ; il représente une Chanteuse, tenant son livre ouvert ; elle est habillée de satin blanc,   1520

vue de face, & jufqu'aux genoux.

L'expreſſion qui ſe remarque dans le viſage de cette femme eſt on ne peut mieux rendue, & les teintes fraiches & belles donnent à ce morceau un mérite ſupérieur.

Louis de Boulogne, l'aîné.

51 Latone avec ſes enfants demandant vengeance à Jupiter des Payſans qui l'avoient inſultée : un Payſan a déja la tête changée en grenouille.

Ce beau tableau compoſé de neuf figures, eſt peint ſur cuivre : hauteur 18 pouces 6 lignes, largeur 2 pieds 2 pouces 6 lig.

52 La préſentation de Notre Seigneur au Temple.

Ce tableau eſt un paſtiche de *Rembrandt*, de qui on pourroît le croire s'il n'étoit examiné avec beaucoup d'attention; il eſt peint ſur toile qui porte 2 pieds 10 pouces 6 lignes de haut, sur 2 pieds 3 pouces 6 lignes de large.

53 Une belle tête de Cléopatre, par *Louis de Boulogne*, sur toile ovale, de 2 pieds un pouce de haut, su 19 pouces de large, & une autre tête de femme en pendant, par *Roslin*, aussi sur toile de même forme.

Nicolas Largilliere.

54 Le Portrait de ce Peintre tenant un porte-crayon, il est à mi corps & peint sur toile de 2 pieds 6 pouces de haut, sur 2 pieds de large. 130

55 Une Strasbourgeoise, de grandeur naturelle, jusqu'aux genoux, elle est debout, presque de face, un grand chapeau sur sa tête, un chien dans ses mains; du paysage fait le fond de ce Tableau qui est correct de dessein, & d'une belle couleur. Il est sur toile, hauteur 4 pieds 2 pouces, largeur 3 pieds 2 pouces 6 lignes. 501

Giacomo Cortese, dit le Bourguignon.

56 Un Fort proche duquel se passe une 801

action repréfentée fur le devant du Tableau ; à gauche, dans l'éloignement, une troupe de cavalerie paffe une riviere & d'autres fe battent fur un pont ; dans l'éloignement, à perte de vue, on découvre une Ville & des montagnes.

Ce tableau très riche de compofition peut être regardé comme capital & du bon tems du *Bourguignon* ; il eft peint fur toile de 29 pouces 6 lignes de haut, fur 3 pieds 7 pouces de large.

Philippe, Duc d'Orléans, Regent.

57 Dibutade qui deffine le Portrait de fon Amant à l'ombre. Plufieurs Auteurs font mention de cette hiftoire, & donnent ainfi à l'amour l'invention de la Peinture. Ce tableau a des beautés pour l'effet de lumiere, il eft peint fur bois, hauteur 19 pouces 6 lignes, largeur 15 pouces.

On fent qu'il eft difficile de

trouver de pareils tableaux. Il
étoit néceſſaire pour faire ſuite
dans cette collection & pour prou-
ver le goût de ce grand Prince,
protecteur des Arts ; il n'ignoroit
pas que le moyen d'acquérir des
connoiſſances étoit la pratique.

Le Chevalier Vleughels.

58 Le repas d'Herode, la fille d'Hé-
   rodiade lui apporte la tête de Saint
   Jean dans un plat; un beau Palais
   rend ce tableau riche, il eſt peint
   ſur bois, hauteur de 9 pouces 6 lignes, largeur 6 pouces trois lignes.   130

Hyacinthe Rigaud.

59 Le Portrait de Rigaud en buſte
   peint par lui-même dans ſon bon
   tems, il eſt ſur toile, de forme ova-   59
   le, hauteur 2 pieds 6 pouces, lar-
   geur 2 pieds.
60 Jaback, grand Amateur de tableaux & de deſſeins, repréſenté à
   mi-corps de grandeur naturelle,   8.12
   il tient un gant d'une main, & a
   l'autre ganté.

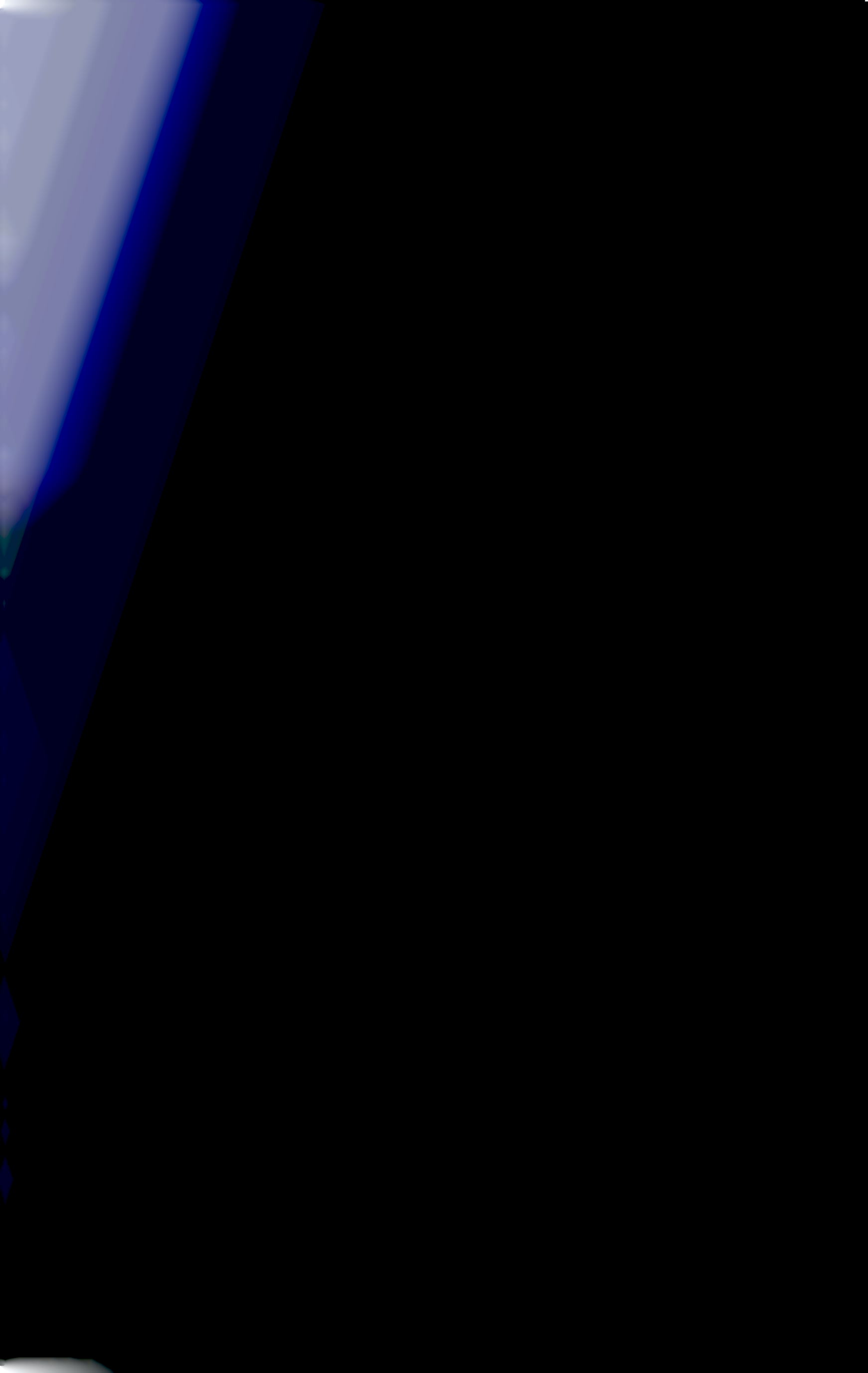

ger dans fa caiffe, & un vafe rempli de différentes belles fleurs fur un piedeftal.

Ce morceau eft d'une grande vérité : la touche libre & favante, le coloris brillant & la diftribution des groupes nous femblent être tout ce qu'on peut défirer de mieux de cet habile Artifte. Il eft peint fur toile de 5 pieds de haut, fur 4 pieds de large.

63 Deux bons Tableaux touchés avec art, compofés chacun de deux chiens qui arrêtent des-faifands, ils font peints fur toile qui porte 10 pouces de haut, fur 14 pouces 6 lignes de large.

Antoine Coypel.

64 Le Baptême de Notre Seigneur, peint fur toile de 4 pieds 2 pouces de haut, fur 3 pieds de large.

Ce tableau eft très expreffif & du meilleur *faire* de ce Maître, il en a gravé lui-même une eftampe.

Nicolas Bertin.

65 Notre Seigneur qui lave les pieds de ſes Apôtres.

Le poſſeſſeur de ce Cabinet a fait venir ce tableau de Lyon , ſur le récit que lui firent pluſieurs Artiſtes qui l'avoient vu ; il ne fut pas trompé dans ſes eſpérances , l'applaudiſſement fut général : *Chereau* , *le jeune* , en a gravé l'eſtampe. Il eſt peint ſur bois, hauteur 1 pied 6 pouces , largeur 2 pieds 2 pouces.

Jean-François de Troy.

66 Suſanne entre deux vieillards , & Loth entre ſes deux filles ; ces deux Tableaux ont été peints à Rome. Ils ont été expoſés au Sallon du Louvre. Celui de Loth a été gravé par M. *Vien.* Ils ſont peints ſur toile, & portent chacun 2 pieds 11 pouces de haut , ſur 4 pieds 2 pouces de large.

Jean Raoux.

67 La Vierge aſſiſe , vêtue d'une robe rouge

rouge & d'un manteau bleu , elle eſt vue juſqu'aux genoux , elle tient de la main gauche un livre ouvert , ſa droite eſt poſée ſur ſon eſtomac.

Ce tableau bien deſſiné & d'un excellent coloris , eſt peint ſur toile qui porte 2 pieds 6 pouces de haut , ſur 2 pieds de large.

Jean Grimou.

68 Une Eſpagnolette vue juſqu'aux ge- noux ; elle eſt debout tenant ſa robe de la main gauche , qui eſt élevée , ſa droite eſt poſée ſur ſon côté.

Les graces qu'annoncent cette figure , l'intelligence de la lumie- re & la belle harmonie , font le mérite de ce tableau , qui eſt peint ſur une toile de 3 pieds 1 pouce de haut , ſur 2 pieds 6 pouces de large.

Louis Galloche.

69 Les Adieux de S. Pierre & de S. Paul. Ce Tableau eſt le petit du grand que l'Auteur a fait à Notre-Dame à Paris,

D

il eſt peint ſur toile de 2 pieds 10 pouces de haut , ſur 2 pieds 3 pouces de
large.

Jean-Baptiſte Oudry.

70 Deux Tableaux peints ſur toile qui
portent chaque 22 pouces 9 lignes de
haut ſur 28 pouces 6 lignes de large.
Dans l'un , ſont repréſentés ſept ca-
nards vivants ; dans l'autre un chien
de chaſſe qui paroît aboyer en regardant un renard , une bécaſſe & un
autre oiſeau attachés avec une corde
à une branche d'arbre. On remarque encore un pigeon & un autre oiſeau mort. Tout cela eſt peint dans
un payſage.

Ces tableaux peints en 1753 ,
ſont intéreſſans , d'une fraicheur
de teinte & d'une légereté de pinceau , comme il s'en trouve peu :
ils ſont en outre d'un grand fini.

71 Un autre beau Payſage auſſi très
piquant ; on y voit deux chiens de
chaſſe , l'un couché à terre , l'autre
ſur ſes pattes , ils regardent un lievre
& une perdrix proche d'un arbre. Il

est peint sur bois , & porte 15 pouces 6 lignes de haut , sur 19 pouces
de large.

72 Un Bacchanal. Silenne ivre est assis sur une draperie à terre , une Nim-
phe paroît fâchée de sa situation , des
amours le considerent avec douleur,
d'autres jouent ensemble.

Ce tableau peint par *J. B. Ou-
dry* en 1730 , est à l'imitation
d'un bas relief de bronze de *François Flamand* , dit *le Quesnoy* ,
appliqué sur un fond de lapis :
l'illusion est portée au plus haut
dégré. Il est peint sur toile de 1
pied 6 pouces de haut , sur 3 pieds
3 pouces de large.

Jean-Baptiste Pater.

73 Deux Tableaux très agréables &
bien colorés ; dans l'un , on voit un
enfant dans un chariot tiré par deux
chiens & cinq autres enfans dont un
le conduit ; dans l'autre , sept enfans
jouent ensemble , dont deux courent
à cheval sur des bâtons ; ils sont
peints sur bois , & portent chaque

D ij

6 pouces de haut , fur 8 pouces 6 lignes de large. M. de la Live les a
gravés fous le titre de l'âge d'or.

François Le Moine.

74 Le portrait de ce Peintre tenant fa
palette & fes pinceaux , il eft peint
fur bois , de forme ovale , qui porte
8 pouces 9 lignes de hauteur , fur
6 pouces 6 lignes de largeur.

75 Le Sacrifice d'Iphigenie , *Ovid ,* -
Métam. lib. XII

Tous les Amateurs favent la
rareté des tableaux de chevalet
de *F. Le Moine* , leur mérite fublime les fait rechercher ; celui
que nous annonçons a l'avantage
d'être heureufement compofé ,
fin de deffein & d'une admirable couleur. Il eft peint fur toile
de 3 pieds 1 pouce de haut , fur 4
pieds 2 pouces 6 lignes de large.
Laurent Cars , en a gravé l'eftampe du tems que ce tableau étoit
dans la collection de M. Bouret.

76 La Fécondité repréfentée fous la fi-

gure d'une jolie femme, vue jufqu'aux genoux, qui tient deux enfans étendus dans les mains.

Cette belle & gracieuse étude
finie, du grand tableau qui est
dans le salon de la paix, est sur
toile, hauteur 1 pied 10 pouces,
largeur 2 pieds 3 pouces.

77 Un autre Tableau important représentant la Transfiguration de Notre
Seigneur, c'est le modele terminé du
plafond que *le Moine* a exécuté aux
Jacobins de la rue du Bac, il est
peint sur une toile de 3 pieds 10 pouces de haut, sur 3 pieds de large.

78 Des Rochers, une chutte d'eau,
du payfage & fabriques dans le goût
Italien; on remarque deux petites
figures d'hommes, dont un chasseur
le fufil sur l'épaule; sur un plan élevé, un homme qui se repose proche
d'un pont de bois, & un autre homme avec une femme qui marchent
ensemble; ce tableau peint en Italie,
mérite une considération particuliere, il est sur toile, hauteur 2 pieds,
largeur 2 pieds 6 pouces.

Nicolas Lancret.

79 Un Repas champêtre , peint fur toile , d'un pied 8 pouces 6 lignes de haut , fur un pied 4 pouces 6 lignes de large ; ce tableau eft le petit du gaand qui eft exécuté dans la chambre à manger des petits appartemens de Verfailles. P. E. Moitte l'a gravé , fon titre eft *partie de plaifirs*.

Jean Reftout.

80 Un Tableau touché avec art & d'un très bon effet , fon fujet eft les Pelerins d'Emmaüs ; il eft peint fur une toile qui porte 18 pouces 6 lignes de haut , fur 2 pieds de large : on en trouve l'eftampe gravée par *Chenu*.

Charles Coypel.

81 Un jeune homme affis , qui fait dire fa bonne avanture par une jeune Bohémienne habillée pittorefquement ; la tête d'un Negre fe voit entre eux. Ce tableau gracieux eft un de ceux dans lequel *C. Coypel* a le mieux réuffi. Il eft peint fur toile , hauteur 2 pieds 6 pouces 6 lignes , largeur 2 pieds.

81 Le buſte d'un Avocat, la tête baiſ-
ſée ſur ſa main gauche, dont le coude paroît appuyé ſur une table, il
tient de ſon autre main un mouchoir.
Ce morceau peint ſur carton eſt dé-
coupé; en le mettant ſur une table
avec un livre, il fait la plus grande
illuſion.

Pierre Subleyras.

83 Un Buſte de femme, vue de face,
la tête de profil. Ce Tableau de mérite eſt peint ſur une toile d'un pied
11 pouces de haut, ſur un pied 6
pouces de large.

Pierre-Charles Tremoliere.

84 Venus tenant un carquois, & l'A-
mour une flèche, il eſt aſſis ſur elle:
ce Tableau eſt fin de deſſein & très
agréable, il eſt peint ſur une toile
qui porte 2 pieds 11 pouces 6 lignes
de haut, ſur deux pieds 5 pouces de
large.

Robert Tourniere.

85 Une Femme qui chante, accom-
pagnée d'un jeune homme qui joue
de la flute, ils ſont proche d'un ap-

pui de croifée où fontreprésentés des enfants en bas relief. Ce Tableau eft dans le goût Hollandois ; il eft peint fur bois, hauteur 14 pouces, largeur 9 pouces o lignes.

Delien.

86 Le Portrait de ce Peintre, repréfenté en bonnet, vefte noire, le col & les manches de fa chemife déboutonés, fa main droite eft pofée fur fon menton, & fa gauche fur une toile. Ce Tableau a un mérite particulier, il eft peint fur une toile qui porte 2 pieds 10 pouces de haut, fur 2 pieds 3 pouces 6 lignes de large.

Chantrau.

87 Un vieillard affis dans un fauteuil ; ce tableau ragoutant, & peint dans le ftyle de *Rembrandt*, eft fur bois, hauteur 13 pouces 3 lignes, largeur 10 pouces.

Carle Vanloo.

88 Enée qui porte fon pere Anchife.

La touche libre, le coloris vi-

goureux, & le génie de la compofition qu'on trouve dans ce tableau, ont mérité à fon Auteur
une réputation des plus conftan-
tes, il l'a fait après fon retour d'I-
talie, & néanmoins nous n'en
connoiffons pas qui foient plus
favants. Il eft peint fur une toile
de 3 pieds 4 pouces de haut, fur
3 pieds 3 pouces 6 lignes de large.
N. Dupuis en a gravé une eftampe qu'il a dédiée à M. de Julliene.

89 Un Tableau, compofé de fept fi-
     gures, peint fur bois, qui porte
     17 pouces de haut, fur 14 de large.
     René Elifabeth Marié Lepicié l'a gra-
     vé fur le titre du *contrat de mariage*.

   Ce morceau eft du même *faire*
que le précédent.

Dumont le Romain.

90 Le Bufte de ce Peintre, en robe de
     chambre verte bordée d'hermine,
     un bonet de velours ver bordé d'or
     fur fa tête. Ce Tableau très bien

peint fur toile , porte 2 pieds de haut , fur un pied 7 pouces de large.

Belle , le pere.

91 Un Tableau de beaucoup de mérite , peint fur une toile de 3 pieds 7 pouces de haut, fur 2 pieds 9 pouces de large ; il repréfente un portrait de femme , vue jufqu'aux genoux , elle porte une robe & une coëffe noire , & tient d'une main fa robe , & de l'autre , un éventail.

François Boucher.

92 La Naiffance & la Mort d'Adonis , Tableaux peints fur toile, de chacun 2 pieds de haut , fur 2 pieds 6 pouces de large.

Ces deux morceaux font très favants , & d'un coloris vigoureux. *Aubert* les a gravés.

93 Un autre Tableau auffi très ragoûtant , fon fujet eft le Sacrifice de Gédeon. Il eft peint fur une toile qui perte 3 pieds 11 pouces de haut, fur 2 pieds 7 pouces de large.

Jean-Baptiste Benard.

94 Une Fête de Village, & une Foire
où l'on voit des bœufs, des vaches
& des moutons.

Les compositions de ces deux
tableaux sont riches & les sites
agréables ; les plus habiles Artistes les regardent avec plaisir. Ils
sont peints sur bois, & chacun
porte 7 pouces 6 lignes de haut,
sur 10 pouces 6 lignes de large.
M. *Labée de S. Non*, les a gravés
à l'eau forte.

Charles Natoire.

95 Le Triomphe de Bacchus & celui
d'Amphitrite. Ces Tableau sont
bien dessinés, très bien composés &
des plus considérés de *Natoire*, ils
sont chacun sur une toile qui porte
2 pieds 6 pouces de haut, sur 3 pieds
un pouce de large.
96 Un Tableau du même Maître,
peint dans le stile de *F. le Moine*, il
représente l'Amour & Psiché. Sa
forme est ovale ; il est sur une toile

de 3 pieds de haut, sur 3 pieds 10 pouces de large.

Sebastien Chardin.

720

97 Deux Tableaux peints sur toile, de chacun 15 pouces de haut, sur 17 pouces 6 lignes de large, l'un repréfente l'Education, c'eft une mere qui fait réciter l'Evangile à fa fille, & l'autre l'étude du deffein fous la figure d'un jeune homme qui deffine d'après la boffe. Ces deux morceaux ont été faits pour le Poffeffeur de ce Cabinet : ils font gravés par *Philippe Le Bas*.

Jean Baptiste-Marie Pierre.

300

98 Une Fuite en Egypte : fur le premier plan font placées deux belles vaches & des moutons ; à droite proche d'une tente deux hommes & deux femmes à genoux regardent la Vierge & l'Enfant Jefus fuivis par S. Jofeph qui retient l'âne, ils paffent au travers des rochers que l'on voit fur un plan élevé & un peu éloigné.

Ce tableau intéreffant de compofition,

position , a un coloris frais &
agréable ; les différens effets de
lumiere en augmentent le mérite.
Il est peint sur une toile qui porte
5 pieds 4 pouces de haut , sur 4
pieds 3 pouces de large.

99 Un autre bon tableau peint sur
cuivre de 2 pieds de haut , sur 1
pied 6 pouces de large. Il représente
Hercule qui fait dévorer Diomede
par ses chevaux : c'est la même composition que celle du tableau que
M. *Pierre* a exécuté pour sa réception à l'Académie.

J. M. Vien.

100 Dédale qui attache des aîles à son
fils Icare : figures de 2 pieds 6 pouces
de proportion.

Ce tableau fait beaucoup d'honneur à son Auteur par le dessein ,
les expressions & la couleur. Il est
peint sur toile de 3 pieds 5 pouces de haut, sur 3 pieds de large.

101 Susanne entre les deux Vieillards;

E

ce tableau peint graſſement eſt ſur une toile qui porte 2 pieds de haut, ſur 2 pieds 6 pouces de large. *Beauvarlet* l'a gravé du tems qu'il étoit dans le Cabinet de M. le Comte de Vence.

102 Le buſte d'une Vierge, peint à l'encauſtique, ſur bois; hauteur 7 pouces, largeur 5 pouces 6 lignes. Ce petit tableau piquant, a été gravé dans la maniere du crayon.

Joſeph Vernet.

103 La fin d'un orage ſur mer, & la vue du Port de *Civita Vecchia.*

Ces deux tableaux intéreſſans de compoſition, enrichis de beaucoup de figures, & qui ont de beaux effets vaporeux, ſont dignes d'orner les plus beaux Cabinets de l'Europe. Ils ſont peints ſur toile, & chacun porte 2 pieds 4 pouces de haut, ſur 4 pieds 3 pouces de large.

104 Un tableau peint ſur toile de 18 pouces de haut, ſur 2 pieds de lar-

ge : on y remarque un antre dans des rochers, des fabriques, des matelots qui font un grand feu, & trois autres hommes, l'un defquels pêche à la ligne proche d'un bateau.

Ce morceau repréfenté au clair de la lune eft d'un effet furprenant. M. *Marcenay de Guy*, l'a gravé favamment dans la maniere de *Rembrandt*.

M. *Voiriot.*

105 Le célebre Fontenelle, peint peu d'années avant fa mort : on le voit à mi corps dans fon cabinet, le coude droit pofé fur des livres Ce tableau eft peint fur toile de 2 pieds 6 pouces de haut, fur 2 pieds de large ; il eft gravé à l'eau forte par un Amateur.

Louis le Lorrain.

106 L'apothéofe d'Hercule, d'après le platfond de *François Le Moine*, qui eft à Verfailles dans le faion d'Hercule. Il eft peint fur une toile

qui porte 9 pieds 2 pouces , fur 9 pieds.

M. Hallé , le fils.

107 Io changée en vache, qui fe retrouve au milieu de fa famille. Ce tableau agréable , de bonne couleur, & expreffif , eft peint fur une toile de 3 pieds 3 pouces de haut , fur 4 pieds 11 pouces de large.

Jean-Baptifte Greuze.

108 Le portrait de ce Peintre peint par lui même ; il s'eft repréfenté prefque à mi-corps , la tête découverte , le col de fa chemife déboutonné , & en robe de chambre bleuâtre.

Ce tableau qui a le mérite des morceaux que cet habile Artifte fait fi bien perfectionner , eft peint fur une toile de 23 pouces de haut , fur 18 pouces 6 lignes de large.

109 Un enfant boudeur qui renfonce fa tête dans fes épaules , il eft en

buſte , a des cheveux blonds , un habillement blanc , & un tablier dont la bavette eſt à moitié détachée. Ce tableau qui a beaucoup d'expreſſion , eſt peint ſur une toile qui porte 16 pouces 6 lig. de haut , ſur 14 pouces de large.

110 Le pendant du précédent tableau repréſentant une petite fille qui a ſes deux bras poſés ſur une table & tient un Capucin de bois.

111 Un jeune garçon qui a le coude & le bras poſés ſur une table , & qui s'endort ſur ſon livre ouvert ; une jeune fille qui s'endort auſſi , mais en tricottant , figures à mi-corps. Ces deux tableaux d'un très bon ſtyle , & d'une grande vérité, ſont peints ſur toile : chacun porte 2 pieds de haut , ſur un pied 8 pouces de large. *Flipart* a gravé la jeune fille.

112 Un Aveugle aſſis , trompé par ſa femme qui lui donne une main & préſente l'autre à ſon amant , qui ſort de la cave tenant un pot de bierre qu'il renverſe.

Ce tableau eſt d'un coloris plein

de ragoût, les caracteres des figures & les attitudes font bien ren-
dues, aussi fait-on une distinc-
tion particuliere de ce morceau,
qui est peint sur une toile de 2
pieds de haut, sur 1 pied 8 pouces de large : il a été très bien
gravé par *Laurent Cars*.

113 Le Pere de famille lisant la Bi-
ble.

Les Connoisseurs, Juges cer-
tains & bons appréciateurs des
talens, mettent ce tableau au
rang des plus distingués de *Greuze*, son auteur. *P. F. Martinasi*
l'a gravé en 1759. Il est peint sur
une toile qui porte 2 pieds de
haut, sur 2 pieds 6 pouces de
large.

114 Un tableau gracieux, peint sur
toile de 2 pieds 3 pouces 6 lignes de
haut, sur 1 pied 10 pouces 6 lignes
de large ; il représente une jeune
fille assise, vue presque de face &
jusqu'aux genoux ; elle dévide une

pelote de fil , un petit chat fur une table , joue avec ce fil , elle tient fur elle un panier. *Flipart* a gravé ce morceau.

115 Un joli tableau repréfentant une femme affife qui favonne du linge. Il eft gravé par *Danzel* , fous le titre de la Blanchiffeufe.

Charles Hutin.

116 La Marchande de moutarde , & une autre Saxonne. Ces deux tableaux qui font d'une bonne maniere , font peints fur toile, & chacun porte 2 pieds 6 pouces de haut , fur 1 pied 8 pouces de large.

M. Machy & Deshays.

117 L'intérieur de la nouvelle Eglife de Sainte Genevieve de Paris.

L'effet piquant de lumiere & le beau fini de ce tableau , font connoître les grands talens du fieur *Machy* ; *Deshays* en a peint les figures ; il eft fur une toile de 5 pieds de haut , fur 4 pieds de large.

M. Doyen.

228 Une femme habillée approchant comme on l'étoit du tems de Henri IV : elle est assise vue presque jusqu'aux genoux, elle tient un livre & un chien sur elle. De très beaux reflets & une couleur séduisante rendent ce tableau bien agréable ; il est peint sur toile de forme ovale & porte 2 pieds 2 pouces 6 lignes de haut, sur 1 pied 9 pouces 6 lignes de large.

M. La Grenée.

119 Deux tableaux peints sur toile, chacun porte 2 pieds 3 pouces 6 lignes de haut, sur 3 pieds de large. Le premier représente deux femmes Romaines qui tiennent un livre de musique, & un enfant qui en tient un autre. Le second est composé d'une femme qui s'amuse avec une tourterelle, d'un enfant qui tient un chat, & d'un autre enfant qui souffle des boules de savon. La principale figure de chacun de ces tableaux se trouve gravée par *Etien-*

ne Feſſard , l'une a pour titre *le Chant* , & l'autre *la Tourterelle.*

M. *Robert.*

120 Les Ruines du fameux portique du Temple de Balbec à Héliopolis ; & un pont, ſous lequel on voit les campagnes de Sabine à quarante lieues de Rome.

Ces deux morceaux ragoutans de coloris , ſont peints ſur toile , chacun porte 17 pouces 6 lignes de haut , ſur 24 pouces de large.

M. *Drouais* , *le fils.*

121 Un jeune Ecolier & une petite fille avec un chapeau de paille. Ces deux tableaux des plus agréables , d'un charmant effet , d'un coloris agréable , & remplis d'intelligence, ſont peints ſur toile de forme ovale : chacun porte 2 pieds de haut , ſur 1 pied 6 pouces de large.

M. *Roland de la Porte.*

122 Un Chriſt peint à l'imitation d'un

bronze, placé fur un fond d'étoffe rouge.

On ne croit pas poffible de porter plus loin l'illufion, c'eft un morceau en ce genre le plus parfait qu'il y ait. Il a en totalité 3 pieds 7 pouces 6 lignes de hauteur, fur 1 pied 10 pouces 6 lig. de largeur.

123 Un autre morceau d'un auffi grand mérite, peint fur toile de 2 pieds 3 pouces de haut, fur 1 pied 10 pouces de large; il repréfente le médaillon de Vefpafien, à l'imitation d'un bas relief de marbre, dans une bordure dorée, un nœud de ruban vert au deffus & un cordon qui le tient attaché à un clou fur un panneau de bois de noyer.

124 Un devant de cheminée où font reprefentés des chenets, une pelle, & des pincettes, du bois & du papier; c'eft encore un morceau favant, & dont l'illufion eft portée au plus haut dégré; il eft peint fur une toile de 2 pieds 6 pouces, fur 3 pieds 9 pouces

125 Deux tableaux imitants parfaitement la nature ; ils font peints fur
toile, chacun porte 14 pouces de
haut, fur 17 pouces de large. L'un
repréfente un panier de fix pêches,
deux petits pains & une branche de
géroflée fur une table ; l'autre eft
compofé d'un panier de prunes &
des amandes auffi fur une table.

M. Prevoft.

126 Des fleurs dans un vafe : ce tableau bien compofé a beaucoup de
fraicheur ; il eft fur une toile de 22
pouces de haut, fur 18 pouces 6 lig.
de large. ⸻

127 Un autre tableau repréfentant des
fleurs, dans le goût de Baptifte, fur
une toile de forme ronde, qui porte
21 pouces de hauteur, fur 18 pouces de largeur.

128 Un fujet d'enfans peints en gri-
faille, fur une toile de 14 pouces
de haut, fur 2 pieds 7 pouces de
large.

TABLEAUX

Peints en pastel , montés sous verre & bordure.

Rosalba Cariera.

129 LE portrait de *Watteau* , re-préfenté en bufte : on voit le haut d'une chaife fur laquelle il eft fup-pofé affis ; hauteur 12 pouces , lar-geur 10 pouces.

Ce morceau eft favant & d'un ftyle admirable.

130 Une très belle tête de femme , vûe de trois quarts les yeux élevés : ce paftel fait à la *prefto* fur papier petit bleu , eft tout fprit & plein de ragoût ; il porte 12 pouces de hauteur , fur 10 pouces de largeur.

131 Un autre paftel fini , fur velin , par *Rofalba* ; il repréfente l'Hiver fous la figure d'une jeune femme en cheveux qui s'enveloppe d'une four-rure

rure & d'une draperie rouge : hauteur 1 pied 11 pouces , largeur 1 pied 6 pouces 6 lignes.

Joseph Vivien.

132 Le portrait de M. l'Abbé Lalouette, Aumônier de Louis XIV, peint avec toute la force & le précieux que l'on puisse donner aux morceaux de ce genre. Il porte 2 pieds de haut, sur 2 pieds 6 pouces de large.

François Le Moine.

133 Le portrait de Louis XV en buste à l'âge de 19 ans, pour servir d'étude au grand tableau qui est à Versailles dans le sallon de la paix ; on ne peut douter de la bonté de ce morceau , qui porte 19 pouces 6 lig. de haut, sur 16 pouces de large.

Charles Coypel.

134 Une femme âgée , d'un caractere ridicule , à sa toilette ; une femme de chambre lui met sa coëffure , & un Amour qui tient une fleche, semble s'envoler. Ce morceau a 29 pou-

F

ces de haut , fur 23 de large.

Mlle. Natoire.

135 Le bufte d'une jeune femme tenant un mafque : hauteur 14 pouces 6 lignes , largeur 11 pouces 8
lignes.

136 Un autre bufte de femme : hauteur 12 pouces, largeur 10 pouces.

Jean-Baptifte Greuze.

137 Une belle étude de la tête de la
jeune Mariée du beau tableau de la
nôce de Village qui eft dans le Cabinet de M. le Marquis de Marigny. Ce paftel porte 1 pied 1 pouce
de haut, fur 10 pouces de large.

Peintures à gouache , & Minia-
tures fous verre.

138 Un morceau peint à gouache ,
d'après *Philippe Wouwermans* : c'eft
le Manége dont on connoit l'eftampe gravée par *Thomas Major.* Il
porte 20 pouces de hauteur, fur 17
pouces de largeur.

139 Les Forges de Vulcain ; cette mi-

niature agréable eſt peinte par Madame *Boucher* : hauteur 5 pouces 4
lignes , largeur 4 pouces.

140 Des fleurs dans un vaſe de por-
celaine bleue ſur une table , par
Prevoſt le jeune : hauteur 11 pouces
3 lignes, largeur 8 pouces 4 lig.

141 Un grand & beau papillon , peint
en miniature ſur velin par *Me Vien*,
hauteur de ce morceau 3 pouces ,
largeur 5 poûces 6 lignes.

142 Quatre papillons ſur une autre
feuille de velin , auſſi par *Me Vien* :
hauteur 4 pouces , largeur 6 pouces
6 lignes.

143 Deux morceaux de chacun 12
pouces de haut , ſur 10 pouces ,
peints d'après nature ſur papier bleu,
par *Perignon* , dans l'un eſt repréſenté un bouquet de neuf renoncu-
les , dans l'autre , différentes fleurs
& un papillon.

Deſſeins ſous verre.

Pierre - Paul Rubens.

144 Notre Seigneur crucifié , dont on
trouve l'eſtampe gravée par *Paul*

Pontius, appellée vulgairement le Chrift au coup de poing.

Ce deffein eſt à la pierre noire & à l'encre, rehauffé de blanc, de gris, & d'un peu de couleur au pinceau fur papier gris ; il eſt d'une fineffe & d'une intelligence furprenante, la haute eſtime qu'on en a eſt bien méritée. Il porte 22 pouces 6 lignes de haut, fur 13 pouces 6 lignes de large.

Robert Nanteuil.

145 Un beau portrait d'homme à mi-corps, deffiné aux trois crayons fur papier gris, de 8 pouces 6 lignes de hauteur, fur 6 pouces 9 lignes de largeur.

Charles le Brun.

146 Le Triomphe de Neptune & d'Amphytrite ; grande compoſition à la plume & lavé. Ce morceau a 19 pouces de haut, fur 2 pieds 10 pouces 6 lignes de large ; il eſt ceintré du haut.

147 Notre Seigneur fuccombant fous
le poids de fa croix & allant au Cal-
vaire ; ce deſſein à la ſanguine re-
hauſſé de blanc par *Simonneau l'aî-
né*, porte 2 pieds de haut , ſur 2
pieds 9 pouces de large.

Carle Vanloo.

148 Saint Charles Boromée qui donne la Communion à une peſtiferée :
ce morceau où tout annonce le mérite ſuperieur de l'Artiſte , eſt aux
trois crayons & eſtompé , il eſt ceintré du haut : hauteur 13 pouces 6
lignes , largeur 8 pouces 6 lignes.
Le tableau eſt dans la Chapelle de
M. de Vintimille à Notre Dame de
Paris.

Louis le Lorrain.

149 La vue du Temple de Jupiter
Olympien à Athenes , deſſiné , eſtompé , lavé de ſanguine & rehauſ-
ſé de blanc , enrichie de figures. Ce
deſſein eſt très agréable & piquant ;
il a 10 pouces 6 lignes de hauteur ,
ſur 16 pouces 6 lignes de largeur.

M. Vailly.

150 Une riche compofition d'un grand
effet, c'eſt un Temple où l'on ſe
diſpoſe à ſacrifier un bœuf que l'on
amene, on y compte 25 figures toutes ſpirituelles. Ce morceau qui eſt
deſſiné à la plume & lavé de biſtre,
a 6 pouces 6 lignes de haut, ſur 7
pouces de large.

Figures, Buſtes & Vaſes de mar- bre & de terre cuite.

On ne peut aſſez donner d'é-
loges aux morceaux de marbre
& de terre cuite qui forment cette collection, ils ont été raſſem-
blés avec les plus grands ſoins &
une connoiſſance très étendue;
les Artiſtes de nos jours ont cher-
ché à n'y placer que ce qui pou-
voit le plus tendre à leur réputation; par conſéquent on peut
être certain qu'il n'y a que l'oc-
caſion de cette vente qui puiſſe

parfaitement enrichir les Cabinets en fait de morceaux de ce genre : ils font prefque tous fur des pieds ou focles de bois doré.

Figures de Marbre blanc.

Pierre Le Gros.

151 Un morceau admirable de 27 pouces 6 lignes de hauteur ; c'eft le Satyre Marfias , lié par les bras à un arbre.

Jean-Baptifte Pigalle.

152 Hercule dormant debout, fa tête eft foutenue par fa main droite, il a fa gauche pofée fur fa maffue : ce marbre eft de 2 pieds 7 pouces de hauteur.

Les talens connus de l'Auteur de cette figure , ne laiffent point à douter de fa grande beauté.

Etienne Falconnet.

153 Un Amour enfant , affis, tirant une fleche de fon carquois d'une

main , & de l'autre fait un signe
malin par un doigt qu'il porte à sa
bouche.

Ce joli & gracieux morceau de
24 pouces de haut , est le même
qui a été exécuté en grand par
l'Auteur pour le Château de Bel-
le-vue.

Louis Claude Vassé.

154 L'Amour adolescent qui rassem-
ble les colombes de Venus ; il est
assis & baissé , la jambe droite en
avant , & la gauche en arriere , il
tient une colombe sur son genoux
droit , & en prend une autre sur son
carquois qui est à terre. Ce morceau
est d'un beau travail : on y remarque
la pureté du dessein & beaucoup de
souplesse.

155 L'étude représentée par une femme assise , lisant , les jambes allon-
gées , il y a des livres & du papier
à ses pieds , un coq & un rouleau
de papier derriere elle. La noblesse
que l'on admire dans cette figure ,
les draperies simples & belles , &

le beau fini de ce morceau, le rendent admirable : il porte 18 pouces.

Jean-Jacques Caffieri.

156 La Sybille Erythrée.

Cette figure de 2 pieds 4 pouces de hauteur, compofée & executée dans le ftyle de l'antique, fait honneur à fon Auteur.

       560

M. Taſſard.

157 Un petit enfant debout, emmailloté, & vu prefque à mi-corps : hauteur 9 pouces 6 lignes fur un pied douche de 3 pouces 6 lignes, pofé fur un pied de marqueterie avec des ornemens dorés d'or moulu.

       240

Ce morceau eft tout-à-fait intéreſſant par la délicateſſe de fon travail & la belle exécution.

*M. * * *.*

158 Le bufte du Cardinal de Richelieu, de 14 pouces de haut.

       72

159 Les portraits de M. Fenelon & de M Bossuet.

160 Ceux de Colbert & de Seguier.

161 Le Prince de Condé & M. de Turenne.

162 Les deux Poètes Corneille.

163 Le Poussin & Charles le Brun.

Vases de Marbre.

Jean Jacques Caffieri.

164 Deux vases de très belle forme, enrichis d'ornemens à l'antique, des dragons forment les anses, & s'entrelassent à des guirlandes de feuilles de laurier. Ils portent chacun 22 pouces, non compris des pieds de forme ronde de la plus parfaite exécution, par *Philippe Caffieri.* Ils sont composés d'entre-las à rosette & petits fleurons, d'un quart de rond, de lauriers en lozange, & de filets & platte bandes, dorés d'or moulu, sur un fond d'ébene : hauteur 5 pouces.

M. Sigisbert.

165 Deux vases avec leurs couvercles,

ils font enrichis d'une guirlande, qui attachée à un clou paffe par des anneaux : ils portent chaque 14 pouces de haut.

166 Deux vafes de lumaquelle, ornés chacun de deux anfes à l'antique & mafques au bas, un cercle compofé autour du couvercle, une pomme de pin & rofette au deffus, un focle, le tout de bronze doré d'or moulu : chacun porte 11 pouces de haut.   *250*

Figures & Buftes de terre cuite.

Michel Van-Beveren, d'Anvers.

167 Un Chrift defcendu dè la croix : ce morceau de 15 pouces de hauteur, eft très eftimable.   *15, 3*

Pierre Puget.

168 L'enlevement d'Helene, groupe compofé de trois grandes figures & d'un enfant : il porte 3 pieds de hauteur.   *150, 2*

La force du génie de ce grand

Artiste , s'annonce dans ce morceau.

Pierre le Gros.

169 Saint Grégoire revêtu de ses habits sacerdotaux, & tenant un livre ouvert : hauteur 21 pouces. Cette figure faite en marbre par l'Auteur se voit à Rome, elle y est en grande considération.

170 Trois figures peu terminées, de chacune 8 pouces 6 lignes, posées sur un pied de bois doré de 2 pouces 6 lignes de hauteur & 17 pouces de largeur.

171 Une Vestale, figure en pied de 29 pouces de hauteur.

Nous ne savons pas si cette figure prise d'après l'antique, est plus belle que l'original , nous nous en rapportons à ceux qui ont vu l'un & l'autre , & qui nous ont certifié qu'elle étoit plus belle que l'antique. Ce morceau est effectivement d'un mérite très éminent; la pareille figure

gure faite en grand par *le Gros*, eſt dans le jardin des Tuileries.

Pierre le Pautre.

173 Enée portant ſon pere Anchiſe, & tenant ſon fils par la main. Ce beau groupe porte 21 pouces de haut ; il étoit anciennement dans la ſalle d'aſſemblée de l'Académie de Saint Luc, & on ne ſait comment il a diſparu : on voit la même compoſition exécutée en marbre dans le Palais des Tuileries, par le même Auteur.

Antoine Coiſevox.

174 Le buſte de M. de Vauban, de grandeur naturelle : hauteur 17 pouces, ſur un pied douche de marbre de Flandres, de 5 pouces 6 lignes, & un pied de bois noirci de 4 pouces 6 lignes.

Jacques Sarraſin.

175 Un groupe de deux enfans qui jouent avec une chevre, l'un la tient entre ſes jambes, l'autre aſſis à côté

d'elle , lui donne à manger des rai-
sins. Ce morceau très distingué est
bronzé par *Martin :* il porte environ
8 pouces de haut , non compris un
pied de marqueterie de *Boule.*

Robert le Lorrain.

176 Un Fleuve , figure assise qui a la
tête retournée , son bras droit est
posé sur une urne d'où sort l'eau. Ce
morceau de 10 pouces de hauteur ,
sur 14 de longueur , est posé sur un
pied de bois noirci.

Michel Anguier.

177 Une Amphytrite , figure debout
de 18 pouces de haut : on la voit
en grand exécuté en marbre dans les
jardins de Versailles.

Jacques Bousseau.

178 Ulysse tendant un arc : hauteur
27 pouces , y compris un socle de
18 lignes , sur lequel sont un casque , un carquois & un bouclier
proche d'un tronc d'arbre qui sert
d'appui à cette figure.

Nicolas Coustou.

179 Jules-César, belle figure de 22 pouces 6 lignes, y compris un socle de 18 lignes.

Guillaume Coustou.

180 Deux morceaux en pendants, représentants chacun un cheval fougueux retenu par un esclave ; ils ont été exécutés en marbre pour l'abreuvoir de Marly.

181 Le Dieu Pan, assis sur un rocher, s'y soutenant de la main droite, pendant que de la main gauche il tient le bras d'Apollon qui est debout : ce groupe a 24 pouces de hauteur.

François La Datte.

182 Judith qui tient la tête d'Holopherne ; cette figure qui annonce un grand caractere, porte 36 pouces de haut.

183 Les bains de Diane ; cette Déesse est assise sur le haut d'un rocher, une Nymphe à genoux sur une draperie lui essuie le pied droit, une

autre presque debout lui présente
des flacons dans une corbeille , deux
enfans jouent avec une levrette : ce
groupe porte 18 pouces de haut , sur
21 pouces de large dans le bas.

184 Un autre groupe bien composé
par le même *La Datte* , représentant
le Génie des Arts , il peut servir de
pendant au précédent.

Edme Bouchardon.

185 Une belle figure de Saint Jean
l'Evangéliste : hauteur 23 pouces.
Elle a été exécutée en pierre de
Tonnerre dans le chœur de S. Sulpice à Paris.

186 La Sainte Vierge envelopée dans
son manteau : hauteur 19 pouces ,
a aussi été exécutée par l'Auteur pour
l'Eglise de S. Sulpice.

Michel-Ange Slodtz.

187 Deux bustes , grands comme nature & en regard ; l'un représente
Iphigenie , Prêtresse de Diane , &
l'autre Calchas grand Prêtre ; chacun porte 22 pouces , y compris des
pieds de 4 pouces. Ces deux mor-

ceaux & celui de l'article suivant, traités noblement, & d'une grande maniere, annoncent un Artiste du premier rang, ils méritent d'autant plus de considération, que l'on en trouve très peu de ce Maître.

188 L'amitié représentée par une femme en cheveux avec des épis de bled en forme de couronne sur la tête : son pied droit est posé sur un serpent & un masque, elle caresse un chien : ce morceau a 24 pouces de haut.

M. Le Moine.

189 Le portrait de Madame la Comtesse de Feuquieres, en buste de 14 pouces de hauteur, posé sur un pied-douche de marbre d'Antin de 4 pouces.

Etienne Falconet.

190 Milon de Crotone renversé & dévoré par un lion qui lui saisit la cuisse droite. Ce morceau soutiendra la comparaison avec ce qui est le plus estimé ; il porte 22 pouces de hauteur.

Jean-Baptiste Pigalle.

104   191 Une belle figure de Venus, assise : hauteur 21 pouces.

Jacques-François Joseph Saly.

36,12   192 Pan, Sirinx & le Fleuve Penée, très joli groupe de 1 pied de haut : cet ouvrage n'a pas été exécuté ailleurs.

37   193 Un Faune qui tient une chevre : c'est le modele fait à Rome pour le marbre que l'Auteur a exécuté à l'Académie de France pour son morceau de reception.

M. Berruer.

25,1   194 La Sybille de Cume, figure debout : hauteur 18 pouces.

91   195 Quatre groupes représentant les saisons, composés chacun de trois enfans avec des attributs : hauteur 7 & 8 pouces.

Simon Challe.

84,1   195 M. de Turenne couché & dormant sur un canon. Ce morceau est d'une belle exécution : il porte 12 pouces de haut , fur 2 pieds 6 pouces de longueur.

197 Une Nayade , figure très gracieuse , & d'un beau deffein. Ce morceau a été exécuté par l'Auteur pour fa réception à l'Académie : il porte 27 pouces de haut.

198 Un autre joli morceau repréfentant le Berger Fauftus , qui détache Œdipe de deffus l'arbre où il étoit expofé : hauteur 2 pieds 8 pouces.

M. Claudion.

199 Une Veftale portant le feu facré : hauteur 9 pouces.

Vafes & Animaux.
De La Rue.

200 Quatre vafes , fur chacun font deux enfans & des attributs qui caractérifent les faifons , ils portent 15 pouces de hauteur. Cet Artifte mort depuis peu de tems , a joui d'une réputation dûe à fes grands talens.

M. Sigisber.

201 Un vafe à deux anfes , orné d'une

belle guirlande & feuilles en relief : hauteur 15 pouces.

202 Un autre vase de 16 pouces de hauteur, ses anses sont formés par deux serpens qui mordent le gouleau dudit vase, & s'entrelacent au pourtour.

M. * * *.

203 Un chien qui se repose sur ses pattes ; il est posé sur un pied d'ébene en marqueterie, orné de filets & masques doré, d'or moulu : ouvrage de *Boule*.

Bas Relief.

Franç. Flamand, dit *le Quesnoi.*

204 Trois enfants, dont un monté sur une chevre qui se cabre. Ce morceau cintré du haut, porte 6 pouces 6 lignes, sur 5 pouces 6 lignes de large, dans une bordure chantournée de bois doré.

Edme Bouchardon.

205 Une femme qui pleure, repré-

fentée en relief , de 23 pouces 6 lignes de haut , fur 12 pouces de large , renfermée dans une boîte noire
avec bordure qui a une moulure dorée. Ce morceau dans le goût de
l'antique , & d'une belle exécution ,
eft le modele du tombeau pour Madame la Ducheffe de Lauraguais ,
dans l'Eglife de S. Sulpice.

M. * * *.

206 Un bas relief, ceintré du haut, de
7 pouces 3 lignes , fur 5 pouces de
large , en bordure noircie. Il repréfente cinq enfans, dont trois s'a-
mufent avec un tigre.

207 Le modele d'un tombeau : hauteur 15 pouces 3 lignes , largeur 10
pouces.

208 Deux morceaux compofés chacun
d'une belle rofe de relief, faites par
un habile Artifte.

209 Plufieurs fujets & animaux en bas
relief, dont on compofera plufieurs
articles.

Morceaux en ivoire & en bois.

Franç. Flamand, dit *le Quesnoi.*

210 Deux petits Enfans debout, groupés ensemble, dont un souffle dans un cornet ; hauteur 3 pouces : & un troisieme enfant couché à terre, renfermés dans une cafe d'ébenne avec des glaces.

211 Deux autres morceaux en pendans de ronde botte, portant chacun 4 pouces 6 lignes, non compris des pieds de bois noirci. L'un repréfente un vieux Mandiant ; l'autre une Femme avec un enfant fur fon dos, & un dans fes bras à qui elle donne à retter.

M. Challe, Menuifier.

212 Les cinq ordres d'architecture. Ces colonnes en bois portent chaque 15 pouces de hauteur : elles font de jufte proportion & faites avec toute la propreté & la capacité que l'on connoît à fon auteur.

213 Un morceau de colonne, cannelée du haut, faite pour fervir de

pied à une figure. Elle eſt peinte en porphyre, & porte 4 pieds de haut, ſur 15 pouces de diametre ; elle a ſur ſon deſſus un plateau tournant.

Ouvrage de Cire & de Plâtre.

214 Une tête de femme, par *François Girardon*. On la croit une étude d'après nature de Madame de Louvois : elle eſt de cire bronzée, ſur un pied de bois noirci.

215 Une belle figure de femme, drapée d'un beau ſtyle, par *M. Pajou*. Elle tient une palette & des pinceaux d'une main, & de l'autre un porte-crayon. Hauteur 4 pieds 6 pouces.

216 La Paix, ſujet allégorique, repréſentée par une femme qui de la main gauche met le feu avec une torche à un faiſceau d'armes, & de l'autre tient le Dieu Plutus. Ce morceau eſt du même *Auteur* que le précédent. Il porte 2 pieds 1 pouce de hauteur. L'original eſt chez M. le Duc de Choiſeul.

217 Une femme aſſiſe près d'un ſep de vigne, d'où elle prend une grape

de raisin : un Amour la regarde. Ce morceau, qui est de *François la Datte*, est de 3 pieds de haut.

218 Un enfant assis tenant une cage, par *J. B. Pigal e.*

219 Un homme en bonnet, espece de Matelot, assis & jouant aux dés. Ce plâtre est de M. Gillet.

DESSEINS.

220 UN très beau Paysage & Vue de riv.ere , colorés par *Lucas van Uden.* Hauteur 8 pouces, largeur 13 pouces.

221 Seize Desseins de *Molyn, Livins,* & autres Paysagistes.

222 Vingt - neuf Etudes de figures , par *D. Teniers , van Helle ,* & autres.

223 Six Desseins flamands, dont un coloré dans le goût d'Ostade, & un paysage avec figures & un Temple, peint à gouache par *Willem Baur.*

224 Dix Etudes de figures & têtes à la sanguine , par *Antoine Watteau.*

225 Quatorze autres auffi par *Wateau*, dont plufieurs aux trois crayons Il s'y trouve des contre épreuves.

226 Une académie à la fanguine, par *Ghezzi*. Et onze fu ets & payfages, par *P. Tefta*, *Grimaldi*, & autres.

227 Douze deffeins, dont deux d'*Euf-tache le Sueur*, & un de *C. Vanloo*.

228 Une femme & trois enfans dans une falle baffe, & la vue d'un moulin à eau dans un payfage. Ces deux beaux deffeins, le premier à la plume & lavé de biftre, le fecond fait au fufin, font de *François Boucher*.

229 Quarante - fix deffeins d'acadé-mie, études de mains, &c.

230 Trente-fix deffeins, tous de Maî-tres différens des trois Ecoles, avec leurs portraits en eftampe, & des notes & explications hiftoriqnes fur chacun d'eux écrites à la main. *vol. in 4°. mar. avec dentelle d'or.*

Ce recueil eft intéreffant & mérite attention.

Recueils , Livres , & suite d'Estampes.

231 Un recueil de 612 estampes de *la Bella ,* dont parties sont anciennes épreuves. *vol. in fol. par.*

232 Les tableaux du Cabinet du Roi en trente-huit morceaux *in fol. v.*

233 Les Médailles de Louis le Grand, avec des explications historiques , en 290 feuilles chiffrées. *Paris , de l'Imprimerie Royale ,* 1702 *, in fol. veau.*

234 Le Sacre de Louis XV. *in fol. v.*

255 Les glorieuses campagnes de Louis XV , par M. *Gosmond ,* grand in 4. carton , & un livre de 13 feuilles d'animaux gravés à l'eau forte par M. de *F.*

236 Les Fêtes données par la Ville à l'occasion du mariage de Madame de France & Dom Philippe , en 1739 *, in fol. veau.*

237 Le Temple des Muses , orné de 60 tableaux, par B. Picard. *Amsterdam ,* 1733. *in fol. v.*

238 Desseins & édifices , meubles ,

habits, machines & uftenfiles des Chinois, par M. Chambers. *Londres*, 1757. *in fol. v.*

239 Les ruines des plus beaux monu-mens de la Grece, par M. le Roi. *Paris*, 1758. *in fol. veau écaillé.*   45

240 *La magnificenze di Roma le piu remarcabili, &c. de Giambattifta Piranefi. in Roma,* 1751. *gr. in fol. obl. broché.*   44

241 *The heads of illuftrions perfons of Great Britain, &c. by Thomas Birch. London,* 1756. *in fol. en feuille dans un carton.*   31, 12

242 Soixante-huit Payfages & Mari-nes inventés & gravés par *Werotter. in* 4. *obl. veau.*   15, 9

243 Des vues de différens endroits de la Hollande, en cent pieces chiffrées. *in* 4. *obl. br.*   5

244 La Lithologie & la Conchyliolo-gie de M. d'Argenville. *in* 4. *veau.*   21

245 Différens cayers compofans en totalité 534 vues de Villes, Palais, Châteaux, Maifons de France, d'I-talie, &c. par *Ifrael Sylveftre.*   26, 3

246 Traité de Géométrie théorique & pratique, à l'ufage des Artiftes, par *Sebaftien le Clerc. Paris,* Jom-   8, 3

bert, 1744 & quatre cayers compoſans 4 morceaux d'ajuſtemens &
uſages de Ruſſie, compoſés & gravés par *J. B. le Prince*.

247 Soixante eſtampes compoſans l'œuvre de *Madame la Marquiſe de Pom-
padour*, en feuille dans un carton.

248 La Caravane du Sultan à la Mec-
que par *M. Vien*, en 5 morceaux :
les vaſes de *J. Saly* en 30 pieces, &
une ſuite de 12 charges d'après *Carle
Vanloo*.

249 Cent trente neuf portraits de *Nan-
teuil*, *Maſſon*, *Killian*, *Edelinck*,
& autres.

Eſtampes en feuilles.

250 Huit portraits de *Van - Dyck*,
dont ſept gravés à l'eau forte par lui-
même.

251 Le Maréchal de Villars, par
Drevet, d'après *H. Rigaud*, pre-
miere épreuve. M. le Marquis de
Marigny, d'après *L. Toqué*, par *J.
G. Wille*, & 6 autres portraits.

252 Jean de la Fontaine, J. B. Rouſ-
ſeau, & Charles Eiſen, gravés par
E. Ficquet, épreuves très belles.

253 six Estampes d'après *Solimene*, *Gambarini*, & autres.

254 Trois Marines d'après M. *Vernet*, & le Contrat de mariage d'après *Carle Vanloo*.

255 Le Paralytique fervi par fes enfans, d'après *J. B. Greuze*, par *Flipart*, épreuve premiere.

256 La Blanchiffeufe, la Tricoteufe, d'après *Greuze*, & quatre autres Eftampes d'après *F. Le Moine*.

257 Différentes eftampes dans plufieurs portefeuilles qui feront détaillées.

Meubles précieux & autres objets importans.

Ouvrages de Boule.

25? Une Bibliotheque en retour des deux côtés, en bois d'ébene : la face a 15 pieds 10 pouces, chaque côté 5 pieds 6 pouces, hauteur 5 pieds 6 pouces, & profondeur 18 pouces. Elle est composée de trois doubles portes sur la surface, & d'une double a chaque côté ; les paneaux desdites portes sont de fil de laiton très proche les uns des autres ; elles sont séparées par des pilastres enrichis d'ornemens incrustés en cuivre, & des masques, feuilles, bandes, &c. une corniche simple & belle qui regne au pourtour, est garnie de branches de girafolle & de feuillages ; des belles franges ornent les pieds au dessus des pilastres : le tout est parfaitement doré d'or moulu, ainsi que tous les bronzes des objets suivans.

Ce morceau dont nous ne pouvons aifément rendre l'agrément de la compofition , le goût exquis & la grande richeffe , eft ce que l'on peut dire de plus décoré & de plus précieux ; il eft d'ailleurs très connu, & l'on fait qu'il a été fait à grand frais.

259 Un très beau bureau à quatre pieds , garni de deux tiroirs ; il eft très riche en marqueterie de cuivre incrufté , & eft orné de cadres , mafques, feuilles de refends & autres ornemens dorés d'or moulu.

Ce morceau eft un des beaux que *Boule* ait fait. Il porte 2 pieds 7 pouces de haut , fur 4 pieds 3 pouces de large , & 23 pouces de profondeur.

260 Le pareil bureau ayant quelques légeres différences dans l'ordonnance de l'architecture , & auffi dans la compofition des bronzes.

261 Un corps d'armoire de marque-

terie en écaille, il n'a qu'une seule porte décorée d'un Apollon en relief, qui fait écorcher Marsias; sur l'un des côtés, Bacchus, & sur l'autre un Vieillard qui se chauffe; des agraffes, fleurons, baguettes, doucines & de très beaux masques enrichissent ce morceau qui porte 3 pieds de haut, sur 3 pieds de large, & 6 pouces de profondeur.

262 Une jolie table contournée de marqueterie en écaille, à quatre pieds de biche & deux gaînes avec entre jambes : elle est très ornée de masques, gaudrons, rosettes & autres agrémens; sa longueur est de 3 pieds 7 pouces 6 lignes, largeur 17 pouces 6 lignes, & hauteur 2 pieds 5 pouces.

263 Un pied de marqueterie en écaille, garni de masques & ornemens : il porte 8 pouces de haut, 12 de long, & 7 pouces 6 lignes de large.

264 Une paire de bras composé d'une consolle d'où sortent deux branches : on y voit un dragon accroupi qui ouvre la gueule contre un crocodile qui descend d'une branche.

265 Deux chandeliers ou flambeaux

richement ornés & très bien cife-
lés : ils portent chacun 11 pouces
de hauteur.

266 Un feu compofé de deux vafes
ornés chacun de trois mafques &
d'un cartel d'ornemens qui va fe
joindre à une grenade allumée.

267 Une pendule fur fon pied de marqueterie de cuivre écaillé, orné de
bronze doré d'or moulu; la forme
de fa boîte eft ronde, il y a au deffus une lampe dans le goût antique;
le mouvement eft de *Rubby*.

Philippe Caffieri.

268 Un corps d'armoire qui fervoit
de coquiller, compofé de quatre
portes de face & de deux fur chaque
côté, garnies de glaces qui ont chacune 16 pouces de haut, fur 13
pouces ; le deffus eft en forme de
pupitre, & a douze portes garnies
auffi de glaces de 12 pouces de haut,
fur 13 pouces. Les corps d'architecture, la frife & les portes, font enrichis de chutes de laurier & de
chênes, baguettes nouées avec des
rubans, poftes & fleurons, rofettes

& canaux. Le tout porte 22 pieds
4 pouces fur 2 pieds 10 pouces 6
lignes dans fa plus grande hauteur :
la profondeur eft de 18 pouces.

269 Un table de bureau de 6 pieds de
long , fur 3 pieds 3 pouces 6 lignes
de large ; fes pieds au nombre de
huit font en forme de gaîne , le
tout eft garni de bronze doré d'or
moulu de la plus grande richeſſe,
& d'une parfaite exécution. Un mafque de lion & les pattes de cet ani-
mal font en bronze rouge. L'écri-
toire qui eft fur cette table eft com-
poſée d'un vafe qui a fous fon couvercle une fonette , de deux autres
vafes , dans l'un eft l'encrier , &
dans l'autre le poudrier fur un plat-
teau , plus deux pierres à papiers &
deux flambeaux à deux branches : le
tout auſſi de bronze doré.

Le Secretaire qui eft placé au
bout de la table , a 5 pieds 1 pouce
de hauteur , fur 4 pieds 11 pouces ,
il y a deſſus une pendule en forme
de vafe , dont le mouvement eft de
Julien le Roi.

Quoique ce corps d'armoire ,

le coquiller, la table de bureau,
& tout ce qui en dépend soient
divisés sous les deux numéros précédens, ils peuvent être vendus
en un seul article, si on le desire,
c'est un tout ensemble de la plus
grande conséquence à l'imitation
des ouvrages du fameux *Boule*.

Ce beau meuble est de *Philippe Caffieri*, cet Artiste si célebre.
Il n'a rien oublié pour la solidité,
la richesse & la parfaite exécution.

Un fauteuil de bois noirci avec
des ornemens de bois doré dans   100, 1
le goût antique, dépend du der-
nier article.

270 Une table de verd antique de 4
   pieds 3 pouces de longueur, sur 20
   pouces de largeur, renfermée dans   1100, 2
   un pied à quatre gaînes, orné de
   postes, canaux creux, feuilles de refends, guirlandes d'olives dorés
   d'or moulu.
271 Une table de porphyre de 3 pieds
   5 pouces 6 lignes, sur 1 pied 10   870

pouces de large & un pouce d'épaif-
feur : il lui eft arrivé un accident
qui a été très bien réparé, elle eft
pofée fur un pied à quatre gaînes
orné de bronzes dorés d'or moulu
dans le ftile de la précédente, fans
aucune guirlande d'olives, ni lauriers.

272 Un paire de bras à trois branches
compofée de canaux creux, platte-
bandes & ornemens, le haut eft terminé par un vafe, & le bas par une
pomme de pin. Le bon goût à l'antique qu'il y a dans ces morceaux,
& la belle exécution, les rendent
diftingués.

273 Une pareille paire de bras à trois
branches : hauteur de 23 pouces.

274 Une autre paire de bras à trois
branches d'un goût différent des
précédentes : nous n'en connoiffons
pas l'Auteur.

275 Un feu compofé d'une figvre homme & femme adoffé l'an à l'autre,
& affis fur un carcel fort riche, ils
fupportent un vafe : hauteur 19
pouces. Cet ouvrage doré d'or moulu, eft de très bon goût, les figures bien deffinées & de bonne proportion,

porrion , l'exécution en eft très belle.

276 Le bufte de Louis XV , fur un morceau de colonne en partie can- nelée. Ce morceau, doré d'or moulu, porte en tout 5 pouces 9 lignes de hauteur.   72

277 Deux vafes de forme antique avec de petites anfes , dorés d'or moulu , chacun porte 6 pouces de hauteur , non compris des pieds de bois noir- ci.   42

278 Deux autres jolis vafes , auffi de forme antique , différens des précé- dens , les anfes font élevées , leur forme eft très agréable : hauteur 6 pouces.   60, 2

279 Un thermometre comparable, par *Gallonde* , dans un encadrement de bois noirci , avec moulures & guir- landes de bois doré : hauteur 3 pieds 2 pouces.   60

COQUILLES
UNIVALVES.

280 UN fort bel arrofoir de cinq pouces de haut. Il eſt très entier, & a la frange de la tête bien confer-vée. Plus une dentale & un autre tubulaire.

280 *bis* Vingt - cinq lepas d'eſpeces différentes, dont *l'écaille de tortue*, *le bonnet de Dragon*, & deux couleur de roſe. Quatre oreilles de mer, dont deux de la Chine. En tout 29 coquilles.

281 Huit coquilles terreſtres, dont ſix buccins, & deux beaux lima-çons applatis.

282 Trois autres buccins terreſtres, dont une bouche à gauche, & l'au-tre bouche à droite ; tous deux en pendans & couleur de citron. Le troiſieme eſt un très beau buccin rubanné.

283 Trois beaux buccins, dont deux

bouches à gauche , & un autre fort
joli.

284 Cinq limaçons, dont trois ter-
reftres ; l'un rubanné ; l'autre nommé *Cornet de S. Hubert* ; le troifieme avec une dent : les deux autres
étant marins, on les appelle *tefti-
cules.*

285 Dix limaçons marins , dont la
plupart font dépouillés.

286 Six coquilles marines , un très
beau *toît chinois* , une *peau de ferpent* auffi très belle ; deux buccins
d'efpeces différentes ; un *fabot* ; un
limaçon nommé le jaune d'œuf. Ces
fix coquilles font de choix.

287 Les fix mêmes coquilles marines,
d'un auffi beau choix que celles du
nᵒ. précédent.

288 Trois *peaux de ferpent* , deux *jau-
nes d'œuf* , fix *fabots* d'efpeces difflé-
rentes , & un joli buccin. En tout 12
coquilles.

289 Huit coquilles , favoir deux limaçons, deux nommés *boutons de
camifole* ; deux dauphins , deux *bulles d'eau* , une nérite & une aveline.

290 Huit autres coquilles pareilles à
celles du nᵒ. précédent.

291 Trois *bulles d'eau*, dont une ru-
bannée ; cinq belles nérites ; un limaçon nommé jaune-d'œuf, & un
très beau fabot à bouche doublée.
Cet article eft d'un fort beau choix.

292 Cinq coquilles d'un beau choix ;
deux buccins, dont un rubanné &
d'une riche couleur ; une nérite cannelée, un *bouton de camifole* couleur
de rofe, & une *peau de ferpent.*

293 Trente - huit coquilles d'efpeces
différentes d'un très joli choix, toutes d'un petit volume.

294 Plufieurs coquilles d'efpeces différentes.

295 Dix-huit buccins d'efpeces différentes.

296 Treize autres buccins d'efpeces
différentes.

297 Trente coquilles d'efpeces différentes.

298 Onze rochers, dont celui à tuyau
bien confervé : il eft peu commun.

299 Deux très gros limaçons nommés *Burgau.*

300 Un autre burgau dépouillé, d'une
riche couleur, & un nautile épais
fans être dépouillé Ces deux coquilles font d'un gros volumes.

301 Deux nautiles épais , l'un dépouillé , & l'autre qui ne l'est pas.
Ils sont aussi tous deux d'un gros volume.

302 Deux limaçons d'un gros volume,
nommés *la Perdrix* ; & deux buccins aussi d'un très gros volume pour
leur espece. L'un est bouche à gauche , & l'autre bouche à droite.

303 Deux *bulles* d'eau d'especes différentes ; cinq aîlées aussi d'especes
différentes, & quatre *rochers* de trois
différentes especes. En tout onze coquilles.

304 Quatre rochers nommés *foudres* ,
& une *musique* d'un gros volume.

305 Cinq foudres & deux musiques.

306 Trois *harpes* , six *foudres* , & cinq
musiques. En tout 14 coquilles.

307 Deux belles coquilles, qui font ,
une grande *olive* & une *musique* ;
deux *harpes* & deux *casques pavés*.

308 Six harpes & seize casques d'especes différentes. En tout 22 coquilles.

309 Un très beau foudre, deux casques pavés , dont un d'un gros volume , & deux autres casques peu
communs.

I iij

310 Deux gros casques nommés *bézoards* ; un autre d'une espece différente : trois beaux *casques lardés*, dont un sans pointes : deux *cordelieres* ; un autre buccin, & un rocher nommé *dent de chien*.

311 Vingt-six coquilles d'especes différentes.

312 Dix-sept olives, toutes d'un beau choix & d'especes différentes.

313 Un très beau lot composé de huit coquilles ; savoir, deux *thiares*, l'une de la grande espece & l'autre de la petite ; deux *mitres*, deux *buires blanches*, un tapis de *Turquie*, & un *fuseau brun*.

314 Les mêmes coquilles d'un aussi beau choix.

315 Trois vis, dont une évidée pour faire voir l'intérieur, & deux *ivoires*.

316 Un fuseau & une vis nommée *aléne*, d'un très gros volume.

317 Une belle *Tour de Babel*, un fuseau de l'espece de ceux à dents, mais qui ne les a pas encore ; cinq vis deux fuseaux bruns ; une *chenille* de la grosse espece, & deux Buccins d'especes différentes.

318 Cinq buccins, savoir, une *grimace*, une *culotte de Suisse*, & trois autres, dont un peu commun nommé *le dragon*.

319 Dix-neuf *aîlées* de differentes especes, & un *foudre*.

320 Deux *casques* d'un gros volume, dont un *turban*.

321 Un carton rempli de différentes coquilles.

322 Un *casque* d'un très gros volume & d'une belle conservation, la tête chargée de tubercules. Cette espece est peu commune.

323 Un autre *casque* aussi d'un gros volume, la bouche couleur de citron, garni de grandes pointes sur la tête. Cette espece vient des grandes Indes, & est peu commune; une grosse cordeliere & une grosse pourpre,

324 Une pourpre, une cordeliere, une tonne cannelée, un buccin rubanné, & une oreille des Indes. Ces cinq coquilles sont d'un gros vol.

325 Deux belles pourpres à bouche couleur de rose, bien conservées & d'un gros volume : elles viennent des Indes orientales.

326 Deux autres pourpres de la même espece que les deux précédentes, plus petites; mais d'une plus riche couleur & bien conservées. Plus une autre pourpre d'espece différente.

327 Deux Pourpres, d'especes différentes, & deux *bécasses* épineuses.

328 Une très belle *beccasse* épineuse de la grande espece, de 5 pouces de long. Cette espece est rare.

329 Quatre pourpres à feuilles, de trois différentes especes; deux têtes de *bécasses*, & deux massues d'Hercule.

330 Trois pourpres nommées *chicorées brulées*, dont une d'un gros volume pour son espece : elle est de la plus grande beauté.

331 Deux pourpres; savoir, la patte de crapaud, & celle à feuillage couleur de rose, ces deux coquilles sont rares, & elles sont de la plus parfaite conservation.

332 Sept pourpres d'especes différentes; une *grimace*; une tête de *bécasse*, deux *massues d'Hercule*; deux *bécasses épineuses* de la petite espece, & un buccin dans lequel est un bernard-l'hermite.

333 Un *scorpion* riche en couleur &
très bien conservé ; deux *millepieds* différens.

334 Un *scorpion* bien conservé , &
trois autres coquilles nommées *millepieds* , de forme différente.

335 Une araignée de la grande espece , une autre de la petite espece ,
& un millepieds. Ces trois coquilles sont bien conservées.

336 Deux *araignées* de la grande espece ; l'une a ses pattes , & l'autre
n'est pas encore parvenue à sa crue;
autre *araignée* de la petite espece &
un *millepieds*.

337 Une grande *couronne d'Ethiopie*
marbrée : une autre *tonne* d'un grand
volume , sciée par le milieu pour en
découvrir l'intérieur.

338 Une autre *couronne d'Ethiopie* de
l'espece ordinaire , mais bien conservée & d'un beau poli : une conque nommée *prépuce* , & un beau
casque qu'on appelle *turban*.

339 Les trois mêmes coquilles que
celles du n°. précédent.

340 Le casque nommé turban, & deux
buccins triangulaires , tous deux
en pendans & d'un gros volume.

341 Deux grandes conques appellées *taffes de Neptune* ; le *prépuce* & cinq *tonnes* de quatre efpeces différentes.

342 Une belle conque perfique ; une *figue* d'un gros volume , & une plus petite très bien marbrée.

343 Trois coquilles pareilles à celles du n°. précédent.

344 Deux jolies conques perfiques en pendans ; deux *figues* aufli en pendans , & une troifieme plus petite , mais plus vive en couleur.

345 Une très jolie *navette*. Tout le monde connoît la rareté de cette coquille.

346 Trois autres porcelaines, favoir le *lievre* , l'*œuf* & la *géographique*.

347 Les trois mêmes coquilles que celles du n°. précedent.

348 Deux porcelaines , dont un *bel Argus* , & la *géographique*.

349 Huit autres porcelaines pareilles à celles du n°. précédent.

350 Cinq belles porcelaines , riches par la couleur & l'émail.

351 Vingt-fept autres porcelaines d'efpeces différentes.

352 Un très bel *amiral* d'un gros volume.

353 Un autre aufli très beau , & en

pendant avec celui du nᵒ. précédent.

354 Un *vice-amiral* d'un volume plus grand que d'ordinaire, & avec la double bande à la tête. Cette coquille eſt plus rare que l'*amiral*, qui n'eſt pas commun lui-même.

355 Un *amiral d'orange.*Cette coquille eſt fort rare.

356 Une *aîle de papillon* de la plus riche couleur & d'une grande conſer-vation. Cette coquille eſt très rare & très difficile à trouver, belle & d'un volume un peu conſidérable.

357 Un beau *drap d'or* d'un gros vo-lume, & deux *brunettes* riches en couleur.Ces trois coquilles ſont bien conſervées.

358 Une *brunette* d'un gros volume; une *écorchée* polie, & deux cor-nets orangés.

359 Un *tigre*, un *damier*, une con-ronne *impériale*; une *écorchée*, un *drap d'or* & une petite *tinne de beur-re*. En tout ſix coquilles.

359 *bis.* Les ſix mêmes coquilles que celles du nᵒ. précédent.

360 Deux *tigres* d'un gros volume; un *taffetas*, & deux beaux cornets nommés le *navet.*

361 Sept cornets différens, & deux *olives porphyres*,

362 Un beau *cierge* ; une fausse *aîle de papillon* ; un *spectre* ; deux flamboyantes, & trois autres cornets.

363 Dix jolis cornets, dont une jolie *fausse aîle de papillon* ; deux tigres, deux *damiers*, deux Minimes & trois autres.

364 Dix autres, presque tous les mêmes que ceux du n°. précédent, & une olive *porphyre*.

365 Dix huit jolis cornets.

Coquilles Bivalves.

366 Un très beau *marteau* de la plus belle conservation. On connoît la rareté de cette coquille.

367 Une huître nommée *la cuisse*, aussi très bien conservée, & une griphite aussi bien conservée, & d'une riche couleur.

368 Quatre huîtres épineuses des Indes orientales ; toutes quatre d'espèces différentes, dont une de couleur orangée.

369 Deux belles huîtres épineuses des Indes orientales ; l'une se nomme *le gâteau* feuilleté, d'une grande conservation

conſervation & d'un gros volume ;
le deſſus eſt enrichi de deux rayons
pourpres : l'autre eſt une huitre de
couleur orangée, & eſt adhérente
à un caillou.

370 Deux autres huitres orientales,
dont une eſt adhérente à un morceau de madrepore ; un *gâteau feuilleté* de S. Domingue, & un groupe
de deux huitres épineuſes de Malte.

371 Deux autres huitres épineuſes de
Malte, d'un gros volume, & une
très belle huitre épineuſe des Indes
orientales, auſſi d'un gros volume.

372 Deux autres huitres épineuſes des
Indes orientales ; ſavoir, un *gâteau
feuilleté*, riche en couleur, dont les
pointes ſont bien conſervées, mais
qui eſt un peu caſſée par deſſous,
& une autre, couleur de lilas.

373 Deux huitres épineuſes de Malte, d'un très gros volume.

374 Quatre huitres d'eſpeces différentes, & un joli *manteau ducal*.

375 Trois beaux *peignes* ; ſavoir, un
manteau ducal, *la gibeciere*, & un
troiſieme, couleur de roſe.

376 Trois autres *peignes* : les deux
premiers pareils à ceux du n°. pré-

cédent, & le troisieme couleur de citron.

377 Trois autres *peignes*; savoir, deux *manteaux ducaux* & *la gibeciere*.

378 Quatre autres *peignes*, dont deux *manteaux ducaux*.

379 Quatre belles coquilles; savoir, un *manteau ducal*, un autre *peigne* violet, une *pintade*, & une tuillée, d'une riche couleur.

380 Deux peignes d'un beau volume; l'un se nomme *la coraline*, & l'autre *le benitier*. Ce dernier est d'une riche couleur.

381 Un *peigne* nommé *la sole*, & une jolie tuilée.

382 Une *coraline*, & une *tuilée*.

383 Deux *peignes* d'especes différentes, & une *corbeille* très belle par sa conservation & son gros volume.

384 Deux jolis *peignes*, deux cames avec un dessein en points d'Hongrie, & trois belles moules différentes.

385 Deux *tuilées* d'un petit volume, dont une est couleur de rose; un cœur nommé la *fraise*, & une came en points d'Hongrie.

386 Une grande *tuilée* bien conservée,

& un très beau cœur bien coloré nommé *le chou.*

387 Trois belles coquilles ; savoir, une *tuilée*, une came en points d'Hongrie, & une moule appellée *l'oiseau.*

388 Deux autres petites *tuilées*, un beau *cœur* de Vénus, & un autre cœur nommé la fraise.

389 Cinq petites *tuilées*, un *cœur de Vénus*, trois cames coupées, deux *fraises*, & différentes autresEn tout 18 pieces d'un petit volume.

390 Un *cœur de Vénus*, d'un très gros vol. & très bien conservé.On trouve rarement cette coquille d'un aussi gros volume.

391 Un beau cœur en souflet. Cette coquille est encore peu commune, de ce volume.

392 Six belles coquilles, une grosse *fraise*, une came en points d'Hongrie; une *rape*, une *guillochée*, & deux autres d'especes différentes.

393 Une belle fraise, un *point d'Hongrie*, une *guillochée*, une *rape*, & une autre came.

394 Une came en points d'Hongrie d'un très gros volume, & une au-

tre qu'on a nommée *cedo nulli* : une came des Indes orientales , riche en couleur , mais elle est piquée d'un côté , & un cœur.

395 Deux beaux cœurs des Indes orientales , & une autre épineux de la Méditerranée.

396 Seize coquilles , des cœurs & des cames.

397 Deux superbes *écritures chinoises* d'especes différentes , & deux autres cames des Indes.

398 Un *concha Veneris* , une *gourgandine* , deux vieilles ridées *différentes* , & quatre autres cames.

399 Deux *écritures chinoises* d'un gros volume , & cinq autres coquilles.

400 Deux jolies tellines chagrinées , avec des rayons couleur de rose : cette espece est peu commune. Quatre autres tellines différentes , & deux petits cœurs. En tout huit coquilles.

401 Une autre telline chagrinée , de l'espece des deux du n°. précédent , mais plus grande. Une *gourgandine,* deux cœurs différens , & deux tellines aussi d'especes différentes.

402 Dix tellines différentes , & un cœur de S. Domingue.

403 Quatre belles tellines , & une belle came de l'Inde.

404 Deux *jambonneaux* , deux *man-ches de couteau* , une grande oper-cule , deux étoiles de mer , une pointe d'oursin à bâton , & quelques petits morceaux de madrepore.

405 Trente coquilles de peu de con-séquence.

406 Douze coquilles buccins , porce-laines , &c.

407 Trois oursins garnis de leurs poin-tes , huit autres sans pointes , & deux écailles de tortue.

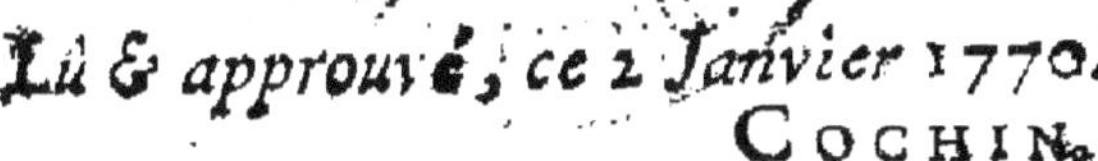

F I N.

Lû & approuvé, ce 2 Janvier 1770.
C O C H I N.

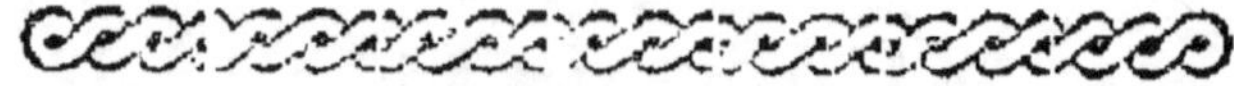

TABLE

INDICATIVE des Numéros des Articles qui seront vendus chaque après-midi, trois heures & demie precise, à commencer le 5 Mars 1770.

Le Lundi 5 Mars.

Tableaux, Figures & Bustes de Marbre, plâtre & Bas-relief de terre cuite.

Nos 8, 12, 24, 27, 33, 50, 58, 59, 61, 63, 67, 69, 74, 94, 102, 109 & 110, 117, 120, 127, 128, 151, 158, 159, 160, 206, 207, 208, 209 partie; 217, 218, 219.

Le Mardi 6 Mars.

Tableaux, Figures & Bustes de marbre, de terre cuite & de plâtre, & Bas relief en terre cuite.

Nos 10, 19, 22, 30, 34, 39, 54, 57, 60, 70, 76, 79, 80, 95, 104, 107, 108, 121, 135, 136, 143, 152, 161, 162, 163, 194, 195, 198, 199, 204, 205, 209 partie; 216.

Le Mercredi 7 Mars.

Tableaux, Desseins sous verre, Figures & Vases de marbre, de terre cuite & de plâtre.

Nos 5, 9, 11, 31, 32, 51, 53, 55, 56, 68, 73, 77, 81, 82, 98, 105, 111, 123, 129, 130, 145, 147, 153, 164, 165, 166, 177, 191, 193, 197, 200, 201, 202, 203, 215.

(15)

Le Jeudi 8 Mars.

Tableaux, Deſſeins ſous verre, Figures de marbre & de terre cuite.

Nᵒˢ 4, 13, 15, 20, 29, 40, 46, 48, 62, 78,
83, 85, 92, 100, 106, 112, 122, 124,
133, 134, 149, 150, 154, 157, 169, 170,
173, 176, 181, 183, 184, 185, 186, 192,
196.

Le Vendredi 9 Mars..

*Tableaux, Deſſeins ſous verre, Figures de mar-
bre & de terre cuite, morceaux en bois &
meubles précieux,*

Nᵒˢ 3, 16, 17, 38, 41, 45, 47, 49, 62, 64,
84, 86, 87, 93, 101, 113, 116, 125, 131,
137, 144, 146, 148, 155, 156, 167, 168,
171, 178, 179, 181, 188, 212, 213, 261,
262, 263.

Le Samedi 10 Mars.

*Tableaux, Figures, Grouppes & Buſtes en
terre cuite, ivoire & cire, & des meubles
précieux.*

Nᵒˢ 6, 18, 23, 25, 28, 35, 42, 44, 65, 66,
88, 90, 91, 97, 103, 114, 118, 126, 138,
139, 174, 175, 180, 187, 189, 190, 210,
211, 214, 259, 260, 264, 265.

Le Lundi 11 Mars.

Tableaux, Figures de marbre & meubles précieux.

Nᵒˢ 1, 2, 7, 14, 21, 26, 36, 37, 43, 71,
72, 75, 89, 96, 99, 115, 119, 132, 140,
141, 142, 258, 266, 267, 268, 269, 270,
271, 272, 273, 275.

(17)

Le Mardi 13 Mars.

Coquilles univalves & bivalves.

N°s 338 , jusques & compris le N°. 365 ; &
depuis le N°. 394, jusqu'au N°. 407.

Le Mercredi 14 Mars.

Coquilles univalves & bivalves.

Depuis le N°. 280 , jusques & compris 310 ,
& le N°. 382 , jusqu'au N°. 393.

Le Jeudi 15 Mars.

Coquilles univalves & bivalves.

N°. 311, jusqu'à 337, & le N°. 366, jusqu'à 381.

Le Vendredi 16 Mars.

Desseins en Feuilles, Estampes en Recueils &
détachées, depuis les N°. 118, jusqu'à 267.
On vendra aussi plusieurs Estampes sous
verre.

F I N.